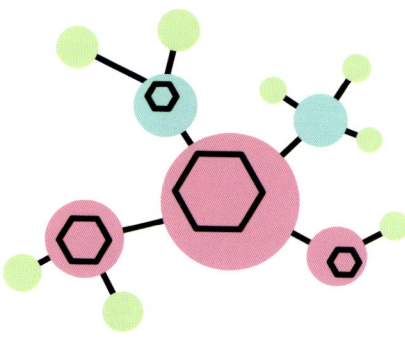

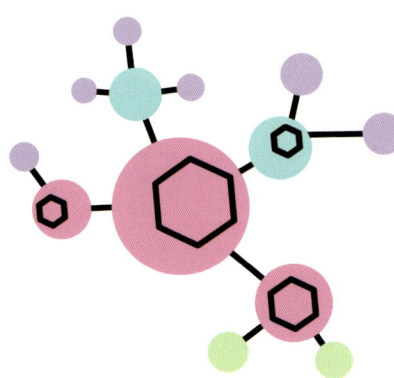

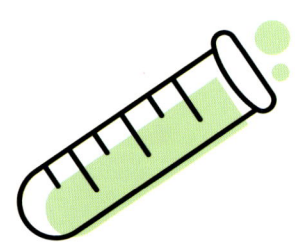

Ilustraciones: Alberto López Ayerbe

© SUSAETA EDICIONES S.A.
C/ Campezo, 13 - 28022 Madrid
Tel.: 91 3009100
www.susaeta.com
Impreso y encuadernado en España

Impreso en papel procedente de bosques sostenibles

D.L.: M-34568-MMXXIV

EXPERIMENTOS
CON AGUA, AIRE Y SONIDO

1 EL LÍMITE DE LA FLOTACIÓN

Materiales

- un barreño
- agua
- un envase vacío de helado de 1 kg
- un rotulador
- pequeños objetos: chapas, canicas, dados, etc.

❶ Llena el barreño de agua, mete el envase vacío y hazle una marca con rotulador por donde le llega el agua.

❷ Pon encima uno a uno los objetos. ¿Varía el nivel del agua respecto a la marca?

❸ Sigue llenando el envase hasta que se hunda.

❹ Quita todos los objetos que metiste antes de que se hundiera. Sécalos y pésalos para saber la máxima carga que admite tu «barco» sin hundirse.

❺ Vuelve a meter con cuidado esos objetos en el envase y marca con el rotulador la altura del agua para indicar el límite de flotación del envase-barco.

¿Qué sucede?

Al aumentar el peso del envase llega un momento en que **se hunde**.

¿Por qué?

Porque actúan dos fuerzas contrarias: por un lado, **el peso del envase** a medida que aumentas su carga, y por otro, **el empuje hacia arriba** que recibe del agua que desaloja al sumergirse cada vez más. **El envase flotará mientras peso y empuje sean iguales** (así sucede en los barcos), pero cuando el peso del envase supere al del agua desalojada, se hundirá. **Ese será su límite de flotación.**

¿CUÁL FLOTA Y CUÁL NO? 2

Materiales
- un cubo
- agua
- plastilina
- balón hinchable
- arena o tierra

❶ Llena el cubo de agua.

❷ Haz una bola con la plastilina y ponla en el agua. ¿Qué ocurre?

❸ Saca la bola de plastilina y moldéala para formar una barca. Ponla en el agua y observa lo que sucede.

❹ Prueba ahora con el balón hinchable: ínflalo y ponlo en el agua. ¿Flota?

❺ Saca el balón, desínflalo y llénalo por completo de arena o tierra. ¿Flota?

¿Qué sucede?

La bola de plastilina se hunde pero la barca no. **El balón inflado flota**, mientras que si se rellena con arena o tierra se hunde.

¿Por qué?

Un mismo peso (como es la misma cantidad de plastilina) **flotará o no según la superficie que ocupe**: la barca tiene más superficie que la bola y por eso flota. **También influye la densidad** (cantidad de masa o peso en un mismo volumen): los dos balones ocupan igual volumen pero la arena **pesa más que el aire** que llena el balón.

7

EN AGUA SALADA FLOTAMOS MÁS

 3

Materiales

- un barreño
- un taco de madera
- un rotulador
- una cuchara
- sal

❶ Llena el barreño de agua.

❷ Coloca la madera en el agua y marca con el rotulador la línea de flotación, es decir, el nivel por donde le llega el agua.

❸ Saca la madera y añade dos puñados grandes de sal. Da vueltas con la cuchara hasta mezclar bien el agua con la sal.

❹ Pon de nuevo la madera en el agua y marca su nueva línea de flotación. ¿Hay diferencia entre una línea y otra?

¿Qué sucede?

La línea de flotación de la madera **está más baja** cuando flota **en agua salada**.

¿Por qué?

El agua salada **tiene mayor densidad** que el agua dulce porque contiene sales y, cuanto más densa es el agua, **mayor es el empuje que ejerce hacia arriba**, con lo cual facilita la flotación del objeto que se sumerge.

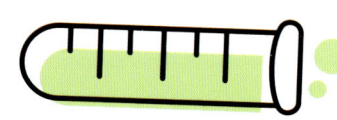

Materiales

- un vaso grande de cristal
- botones pequeños
- agua
- vinagre
- bicarbonato sódico
- una cuchara

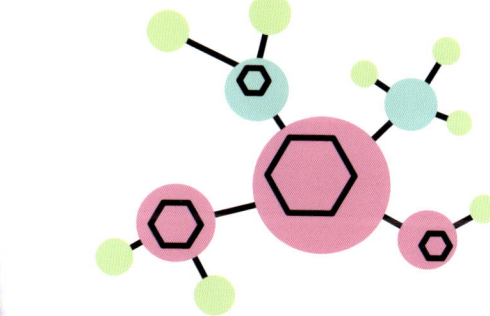

❶ Llena el vaso de agua.

❷ Añade dos cucharadas de vinagre y dos de bicarbonato, y dale vueltas lentamente.

❸ Echa varios botones en el vaso y observa el resultado.

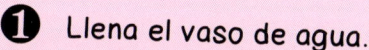

¿Qué sucede?

Primero los botones se hunden y luego **las burbujas se pegan a ellos y los hacen subir**; después bajan y vuelven a subir.

¿Por qué?

Al mezclarse, el vinagre y el bicarbonato desprenden dióxido de carbono, que, **como es un gas, forma burbujas y flota**, ya que pesa menos que el agua. Cuando las burbujas se pegan a los botones, **los arrastran hacia arriba**, pero **luego se despegan** y entonces los botones pesan y **se hunden**, hasta que otras burbujas los elevan.

5 UN SUBMARINO CASERO

Materiales
- un barreño grande
- una botella de plástico
- un tubo fino y flexible de plástico
- un globo
- un sacacorchos
- cuatro cuchillos
- cordel
- agua

❶ Llena el barreño de agua.

❷ Con ayuda de un adulto, haz entre 3 y 5 agujeritos con el sacacorchos en la mitad superior de la botella.

❸ Infla el globo para darlo de sí. Desínflalo y mete un extremo del tubo de plástico en la boca del globo. Átalo con el cordel para sujetarlo bien.

❹ Coloca la botella en horizontal. Con ayuda de un adulto, introduce los cuchillos para que la botella pese y mete después el globo unido al tubo.

❺ Sujeta el otro extremo del tubo para que quede fuera del barreño y sumerge la botella en el agua. Comprueba que no queda nada de aire dentro de la botella y que se llena por completo de agua, moviéndola e inclinándola por varios sitios.

❻ Una vez sumergida del todo la botella, sopla por el extremo del tubo que tienes en la mano, para inflar el globo. ¿Ves qué pasa?

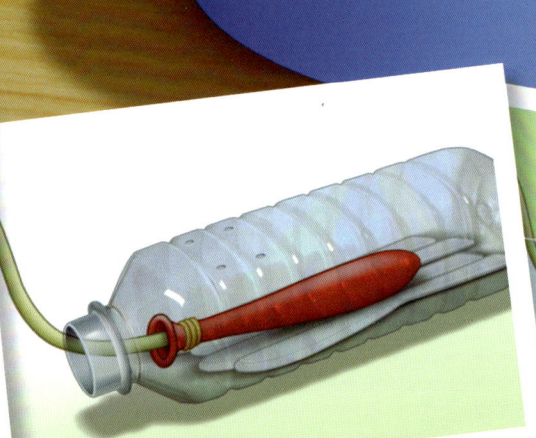

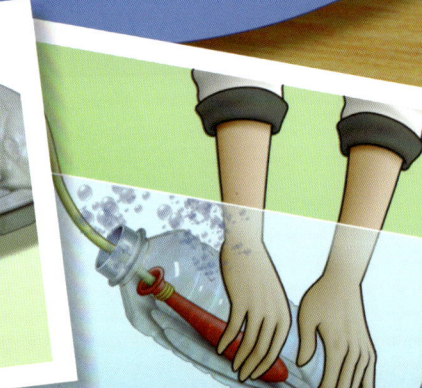

¿Qué sucede?

Cuando la botella se llena de agua, se hunde, pero **cuando inflas el globo la botella sube** y sale a flote.

¿Por qué?

Con el agua dentro, **la botella aumenta de peso y se hunde** hasta quedar sumergida. **El globo, al inflarse, hace salir el agua** metida en la botella, de modo que esta pesa menos y flota más; por ello sube y asoma por encima del agua del barreño. **Funciona igual que el submarino** cuando llena de agua sus depósitos o los vacía mediante aire comprimido.

HAZ TU PROPIO GRIFO

6

Materiales

- una botella
- un tubo fino de plástico flexible
- agua

❶ Haz el experimento en el fregadero de la cocina o en el lavabo. Llena de agua la botella y mete dentro un extremo del tubo de plástico.

❷ Absorbe con la boca por el otro extremo del tubo hasta que te llegue el agua, ¡pero no la tragues! Tapa enseguida con el pulgar ese extremo.

❸ Baja el tubo para que su extremo quede por debajo del nivel de agua de la botella y destápalo. ¿Qué sucede?

❹ Ahora súbelo por encima del nivel de agua de la botella. ¿Qué ocurre?

¿Por qué?

Al absorber por el tubo has quitado el aire que tenía y lo has rellenado de agua. Cuando tienes el extremo del tubo por debajo del nivel de la botella, **la presión que ejerce el agua dentro del tubo es mayor** que la que ejerce el aire de fuera desde abajo y por eso sube el agua desde la botella y sale. En cambio, cuando subes el tubo, **la presión del agua es menor y no sale**. Sucede igual con el grifo: sale el agua por la presión.

¿Qué sucede?

Cuando bajas el tubo empieza a salir agua, pero al subirlo deja de salir.

12

Materiales

- una taza de agua templada
- un tazón
- una cuchara
- una pajita
- jabón para lavavajillas
- azúcar
- un jersey de lana

❶ Vierte el agua templada en el tazón y añade dos cucharadas de jabón. Remueve lentamente para que no se forme espuma.

❷ Echa media cucharada de azúcar, remuévelo y mete la mezcla en la nevera unos cinco minutos. Así las pompas durarán más.

❸ Mete la pajita en la mezcla, sácala y sopla por el otro extremo. ¿Qué ocurre?

❹ Prueba a colocar una pompa sobre un jersey o sobre pelo rizado. ¿Qué observas?

¿Qué sucede?

Al soplar por la pajita creas una pompa, que dura poco en el aire. **La pompa aguanta sobre la lana** y el pelo rizado sin estallar.

¿Por qué?

Las pompas son burbujas de agua jabonosa rellenas de aire. Cuando soplas por la paja, añades ese aire. En cuanto se seca la pompa, se rompe; por eso dura más en un día lluvioso. **El azúcar y el frío de la nevera retrasan la evaporación de agua** que hace que se sequen. La pompa no estalla sobre la lana y el pelo rizado, pues queda suspendida sobre la pelusa y el aire que hay en ella.

SUPERPOMPA DE POMPAS

Materiales
- una taza de agua templada
- un tazón
- una cuchara
- una pajita
- jabón para lavavajillas
- azúcar
- una mesa
- agua

1 Haz la mezcla de agua jabonosa del experimento anterior.

2 Moja la pajita en la mezcla y sopla para crear una pompa. Tócala con un dedo. ¿Qué pasa? Ahora moja un dedo en la mezcla y toca otra pompa. ¿Qué ocurre?

3 Humedece con agua del grifo la mesa o encimera. Haz una pompa y déjala caer sobre la mesa mojada. ¿Qué sucede?

4 Moja la pajita en la mezcla, métela en la burbuja anterior y sopla para crear una pompa más pequeña dentro de la otra. Haz lo mismo para crear una tercera pompa dentro de la segunda. ¿Lo consigues?

5 Prueba a apoyar la pajita en la mesa húmeda cada vez que soplas una pompa, incluso las de dentro. Te será más fácil. Y procura que la nueva pompa creada no toque la pared de la anterior, para que puedas obtener una burbuja separada.

6 Juega a hacer una pompa cada vez más grande a base de soplarle dentro otras pompas que se unan a la primera haciendo formas muy graciosas.

¿Qué sucede?

Si tocas la pompa, se rompe, pero **si tienes el dedo mojado en jabón, no estalla.** La pompa sobre la mesa mojada se convierte en media esfera sin romperse y lo mismo las siguientes pompas dentro de otras.

¿Por qué?

El dedo mojado en jabón no rompe la pompa porque entran en contacto partículas del mismo tipo. **Tampoco estalla al caer sobre la mesa mojada,** gracias a esa humedad, y lo que hace es convertir esa superficie en parte de la pompa, con lo cual **adquiere forma de media esfera.** Cuando creas una nueva pompa dentro, desplaza el aire de la anterior, que crece por la elasticidad del jabón.

9

NO HUNDAS A LOS PATOS

Materiales

- papel parafinado
- tijeras
- agua
- una cazuela
- un rotulador resistente al agua
- detergente líquido

❶ Corta el papel parafinado en trozos con las tijeras.

❷ Con el rotulador, dibuja un pato en cada trozo.

❸ Llena de agua la cazuela y echa en ella los «patos». ¿Flotan?

❹ Ahora vierte un poco de detergente líquido. ¿Notas diferencia?

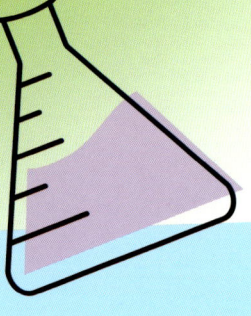

¿Qué sucede?

Primero los «patos» flotan, pero cuando echas el jabón **se van hundiendo**.

¿Por qué?

La parafina del **papel repele el agua** por ser aceitosa, al igual que las plumas de los patos. Por esa razón flotan. Sin embargo, el detergente o lavavajillas **hace que el agua se pegue a los materiales grasos** y ello provoca que se hundan.

2,15h

Materiales

- dos vasos de cristal
- un cuenco de fondo plano
- agua
- una hoja de papel de cocina

❶ Llena un vaso de agua y ponlo cerca del otro vacío.

❷ Dobla a lo largo la hoja de papel de cocina y gírala sobre sí misma retorciéndola (como si la escurrieras). Dóblala por la mitad y mete un extremo en el fondo del vaso lleno de agua y el otro en el vaso vacío. ¿Qué ocurre al poco tiempo?

❸ Pasada una hora, observa cómo están los vasos. Míralos una hora más tarde y fíjate en qué estado quedan cuando ya no cambian.

❹ Después pon el cuenco boca abajo sobre la mesa y sube encima uno de los vasos. Deja que pase el tiempo y ve mirándolos. ¿Cómo quedan los vasos cuando ya no varían?

¿Qué sucede?

El papel se empapa y va pasando agua al vaso vacío. A la hora ha pasado bastante agua y, **cuando el nivel de agua se iguala en los dos vasos**, se para el proceso. En cuanto subes un vaso, sigue pasándole agua al otro. Se para cuando coincide la altura del agua con respecto a la mesa.

¿Por qué?

El papel tiene muchos espacios diminutos por los que el agua se mete y avanza. Ocurre igual con la humedad de las raíces de las plantas, que pasa hasta las hojas. **Cuando la presión del aire (arriba) y la del agua (abajo) se igualan**, deja de pasar agua de un vaso al otro, quedando al mismo nivel.

11 EL AGUA Y EL JABÓN

Materiales

- un cuenco
- agua
- polvos de talco
- jabón líquido

❶ Llena de agua el cuenco.

❷ Espolvorea el talco por toda la superficie del agua, cubriéndola bien.

❸ Fuera del cuenco, échate un poquito de jabón en un dedo y luego mete este en el cuenco. ¿Qué ocurre?

❹ Sigue metiendo el dedo en distintos sitios del cuenco. ¿Cuál es el resultado?

¿Qué sucede?

La primera vez que metes el dedo enjabonado, **el talco se aleja** de golpe y **se forma un agujero**. Las demás veces vas formando agujeros y se mantienen.

¿Por qué?

El jabón **disminuye la tensión superficial del agua** en el sitio donde metes el dedo y, como la tensión es mayor en el resto de la superficie, **atrae el talco y se lo lleva**. Los agujeros se mantienen porque el jabón no deja que se vuelvan a unir las partículas del agua en esos puntos.

CÓMO HACER FLOTAR UN HUEVO

Materiales

- un vaso grande de cristal
- agua
- sal
- un huevo
- una cucharilla

1 Llena el vaso por la mitad con agua.

2 Mete el huevo, con cuidado de que no se rompa. ¿Qué ocurre?

3 Saca el huevo y echa 7 cucharaditas de sal en el agua. Remuévelo hasta que se disuelva bien y mete otra vez el huevo. ¿Qué pasa ahora?

4 A esa agua salada échale unas cucharadas de agua del grifo hasta que veas el huevo en medio del vaso.

¿Qué sucede?

En el agua dulce el huevo se hunde, pero flota en la salada. Al añadir agua dulce a la salada, **el huevo queda suspendido en medio del vaso**.

¿Por qué?

Como el huevo es más denso que el agua, se hunde; sin embargo, **la sal hace más densa el agua** y entonces empuja el huevo hacia arriba y hace que flote. Por último, **el agua dulce** añadida **flota sobre la salada**, por tener menor densidad, y entonces el huevo se hunde en ella pero flota sobre el agua salada.

¿QUÉ ABSORBE EL AGUA?

13

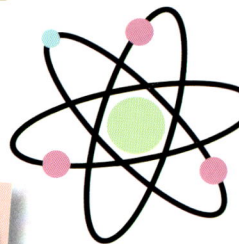

Materiales

- una botella
- agua
- papel de cocina
- papel satinado de revista
- papel de periódico
- cartón
- papel de aluminio
- plástico
- algodón

1 Coloca un trozo de cada uno de los distintos materiales en la encimera de la cocina.

2 Llena de agua la botella y ve echando un poco de agua en cada material. ¿Cuál absorbe el agua y cuál no?

¿Por qué?

Los materiales absorbentes tienen muchísimos agujeritos diminutos, que se llenan de agua. **En cambio**, en la superficie del plástico, del aluminio y del papel satinado (que tiene una película de brillo), **las partículas están tan juntas** que el agua no encuentra hueco.

¿Qué sucede?

El plástico, el aluminio y el papel satinado **no absorben** el agua. Los demás sí.

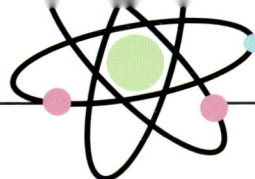

Materiales

- un cuenco
- agua
- cartón de un envase
- jabón líquido
- tijeras

1 Llena de agua el cuenco.

2 Recorta con las tijeras un trozo de cartón en forma de triángulo.

3 Coloca el cartón en un extremo del cuenco de modo que una punta del triángulo mire hacia el centro.

4 Échate un poco de jabón en un dedo y luego mete el dedo en el agua, por detrás del triángulo de cartón. ¿Qué ves?

¿Qué sucede?

El cartón sale disparado hacia el extremo opuesto del cuenco.

¿Por qué?

Al principio, el cartón está quieto porque **la tensión superficial del agua lo atrae en todas las direcciones**, pero el jabón del dedo reduce la tensión que hay detrás del cartón y este es atraído a la zona donde aún es fuerte la tensión. **El jabón logra hacerlo navegar, pero una sola vez**. Si quieres repetirlo, debes cambiar el agua.

15 VACÍA UN VASO SOPLANDO

Materiales

- un barreño
- dos vasos de cristal iguales
- agua
- una pajita
- una bandeja

❶ Llena de agua el barreño y sumerge por completo los dos vasos tumbados.

❷ Cuando los vasos se llenen enteramente de agua, júntalos por los bordes, sujétalos así y sácalos.

❸ Gíralos y ponlos de pie en la bandeja, uno invertido sobre el otro.

❹ Con mucho cuidado (puedes pedir ayuda a un adulto), desliza un poco el vaso de arriba para que los bordes no coincidan del todo.

❺ Coloca la pajita junto al pequeño hueco que queda entre los bordes y sopla. ¿Notas algo?

❻ Si no pasa nada, desliza un poco más el vaso superior. Sopla primero suavemente y luego con más fuerza, varias veces.

¿Qué sucede?

Cada vez que soplas **suben burbujas de aire** por el vaso de arriba y se derrama agua, con lo cual se vacía ese vaso.

¿Por qué?

Al separar algo los bordes, la presión del aire externo queda compensada con la tensión superficial del agua y esta no sale; sin embargo, al soplar, **la presión del aire soplado** vence la tensión del agua y entra aire en el vaso. Como el aire pesa menos, sube y desaloja el agua.

Materiales
- una cerilla larga de madera
- un alfiler
- una cucharilla
- agua

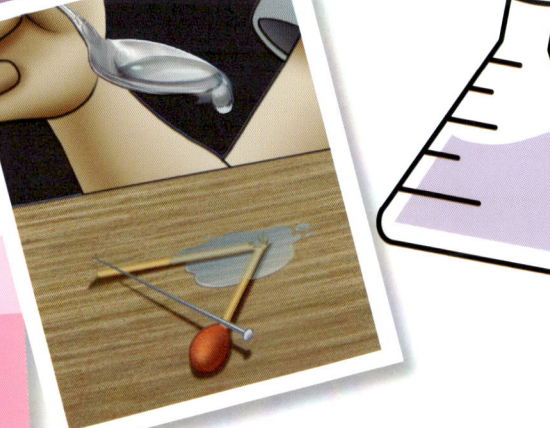

❶ Dobla la cerilla por la mitad, con cuidado de que no se rompa del todo.

❷ Colócala sobre una mesa pulida y pon encima el alfiler, apoyado sobre los dos palitos de la cerilla y lejos del doblez.

❸ Pon agua en la cucharilla y échala justo en el doblez de la cerilla.

¿Qué sucede?

Al poco, las dos mitades de la cerilla **se van separando** y el alfiler cae.

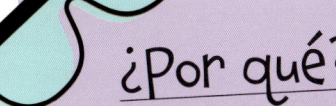

¿Por qué?

El agua hace que **las fibras de la madera se hinchen** y por eso la cerilla se mueve y el alfiler cae.

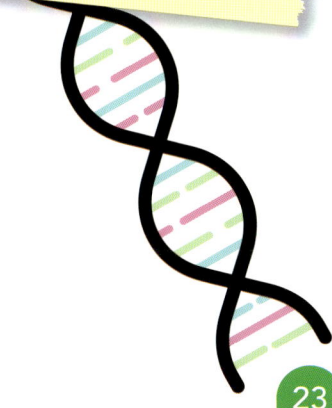

17 RESCATE DE UN CUBITO DE HIELO

Materiales

- un vaso de cristal
- un cubito de hielo
- un cordel de 15 cm
- agua fría
- sal

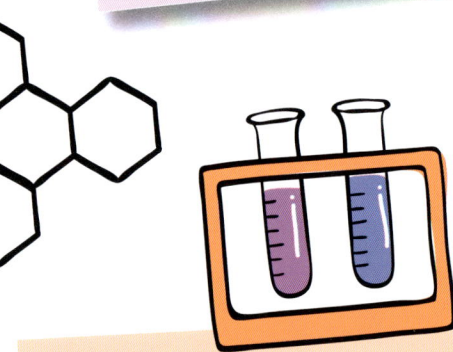

1 Llena el vaso con agua fría y echa el cubito de hielo.

2 Cuando se quede quieto flotando, coloca un extremo del cordel sobre el cubito y deja colgando el resto fuera del vaso.

3 Echa una pizca de sal sobre el hielo y espera 5 minutos. Si no se mantiene el cordel sobre el cubito, sujétalo unos segundos con la mano y luego suéltalo con cuidado. ¿Qué ves?

4 Pasado el tiempo, tira lentamente del cordel hacia arriba para sacar el cubito. ¿Lo consigues?

¿Qué sucede?

Primero la superficie del cubito se derrite un poco y después el cordel **se congela** y, al tirar de él, sale pegado al cubito.

¿Por qué?

Como la sal baja la temperatura de congelación del agua a varios grados bajo cero, **el hielo se derrite un poco** donde ha caído la sal. Esa agua derretida moja el cordel y este se congela en contacto con el hielo, unido a él. Si pasa más tiempo **no funciona**, pues el cordel y el hielo se descongelan y se separan.

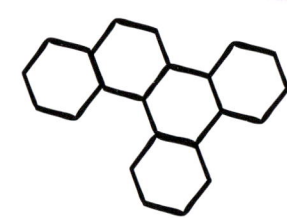

Materiales
- un tarro de cristal con tapa
- cubitos de hielo
- una cucharilla
- sal

❶ Llena el tarro de cristal con cubitos de hielo.

❷ Echa una cucharadita de sal.

❸ Cierra el tarro con la tapa y agítalo unos minutos. ¿Qué notas en la mano? ¿Y en el tarro?

¿Qué sucede?
La mano **se queda helada** y se va mojando. Caen gotas del tarro.

¿Por qué?
El hielo se va descongelando con la sal y, al tocar el cristal del tarro cuando lo agitas, este **se enfría mucho** y lo notas en tu mano. También el aire que rodea el tarro se enfría y, como el aire contiene agua en forma de vapor (gas), ese vapor se enfría y **vuelve al estado líquido** (se condensa), formando gotas de agua en el exterior del tarro.

ESCARCHA CASERA

19

Materiales
- un bote de hojalata
- cubitos de hielo
- sal gorda
- una cucharilla

❶ Llena el bote de hojalata con los cubitos de hielo.

❷ Echa un buen puñado de sal gorda y remueve con la cucharilla. Déjalo así media hora.

❸ Después de media hora, ¿qué observas?

❹ Déjalo diez minutos más. ¿Notas algún cambio?

¿Qué sucede?

Tras media hora ves que **se ha formado rocío** en el exterior de la lata. Esas gotas de agua se convierten luego en escarcha.

¿Por qué?

La sal va derritiendo el hielo y provoca mayor contacto de este con la lata. El bote está así tan frío que **enfría el aire del exterior** y hace que el vapor del aire se condense en gotas en sus paredes. Este rocío **se congela después** por el propio frío del bote y forma la escarcha.

Materiales

- un vaso de cristal
- una cuchara
- agua
- aceite
- miel

1 Echa cinco cucharadas de aceite en el vaso. Añade después cinco de miel. ¿Qué ocurre?

2 Echa al final cinco cucharadas de agua. ¿Qué pasa ahora? Espera unos minutos y observa el resultado.

¿Qué sucede?

La miel se hunde en el aceite y se va al fondo del vaso. Al echar agua, **se forma alguna burbuja** y poco a poco desciende el agua y se coloca entre el aceite y la miel.

¿Por qué?

La miel queda abajo porque es más densa, pesa más que una cantidad equivalente de aceite y de agua. **El aceite** es el que tiene **menos densidad** y por eso flota sobre la miel y sobre el agua.

21 DERRETIR EL HIELO SIN CALOR

Materiales

- dos cubitos de hielo
- dos platos
- sal

❶ Pon un cubito de hielo en cada plato.

❷ Echa una pizca de sal sobre uno de los hielos.

❸ Observa cómo se derriten y fíjate en cuál lo hace antes.

¿Qué sucede?

El cubito que tiene sal **se derrite** antes.

¿Por qué?

El agua se congela a 0 °C pero la sal disminuye el punto de congelación del agua, es decir, con **sal necesita varios grados** bajo cero para congelarse o mantenerse en forma de hielo. Por eso **se echa sal a las calles** cuando la nieve se ha helado y queremos derretirla.

  **22**

Materiales

- acuarelas
- papel de acuarela
- cinta de carrocero
- un pincel fino
- un lápiz
- un cuenco
- un plato de plástico
- agua
- un trapo

❶ Haz un dibujo en el papel con el lápiz.

❷ Pega el papel a la mesa con cinta de carrocero. No se deformará al mojarse.

❸ En el cuenco con agua moja el pincel y humedece la hoja de papel. Déjalo secar.

❹ Moja el pincel en el agua, coge un poco de pintura y prueba el color en el plato. Si la quieres más diluida para que el tono sea más claro, moja otro poco el pincel.

❺ Utiliza el plato para hacer las pruebas de colores antes de pasar al papel. Limpia el pincel con agua y un trapo cuando pases de un color oscuro a uno claro. Cambia el agua del cuenco cuando esté muy sucia.

❻ Crea tus propios colores mezclando en el plato varias pinturas con el pincel húmedo.

❼ Ten en cuenta que la acuarela no es opaca, es decir, no tapa lo pintado antes sino que deja ver algo el color anterior, creando una combinación de los dos. Pinta una zona de amarillo y luego pinta sobre ella con azul. Observa el resultado.

¿Qué sucede?

Al añadir encima el azul, sale una veladura de **color verde** en la zona amarilla.

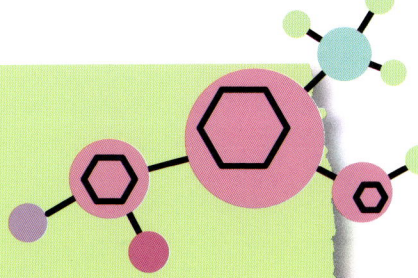

¿Por qué?

La acuarela son pigmentos de color que se diluyen en agua y por eso permite pintar veladuras en el papel, de forma que unos colores se mezclen con otros y **su suma dé otro color**. Cuanto más aguada está la pintura, más transparente es y más clara la tonalidad de color.

23 SEPARAR LO DISUELTO EN AGUA

Materiales

- un vaso de cristal
- agua
- harina y sal
- una cucharilla
- un filtro de papel o papel de cocina
- un embudo o colador
- un plato

1 Echa dos dedos de agua en el vaso y media cucharadita de harina. Remueve bien hasta disolverla.

2 Añade media cucharadita de sal y remueve. Deja pasar media hora. ¿Qué ves? Moja un dedo y chúpalo. ¿A qué te sabe?

3 Coloca el filtro de papel en el embudo, o el papel de cocina doblado sobre el colador. Remueve el contenido del vaso y échalo por el embudo o colador poniendo antes el plato debajo.

4 Quita el filtro y mira lo que hay. Pon el plato en un sitio cálido y mantenlo ahí varias horas o un día.

¿Por qué?

La sal se disuelve perfectamente en el agua y forma una solución salina (por eso te sabe salado el dedo); pero la harina solo se mezcla, **no desaparece en el agua** y por eso termina quedando separada en el fondo del vaso. Por el filtro pasa la solución de agua salina, pero no los granos de harina, por ser más grandes y no disolverse. Cuando el agua se evapora por el calor, **la sal** que estaba diluida **reaparece**.

¿Qué sucede?

En el paso 2, la harina se ha ido al fondo del vaso y el dedo te sabe salado. En el paso 4, en el filtro **queda la harina** y, pasado el tiempo, en el plato aparece la sal.

Materiales
- una cazuela con tapa
- agua

❶ Llena de agua la cazuela por la mitad y ponla a calentar.

❷ Con ayuda de un adulto, cuando el agua hierva, mantén la tapa sobre el vapor que sube del agua cociendo.

❸ Observa lo que ocurre en la tapa.

¿Qué sucede?
Se forman gotas de **agua**.

¿Por qué?

Al cocer, el agua se evapora y ese vapor pesa menos que el agua en estado líquido y entonces sube. Al chocar con la tapa fría, **el vapor de agua pierde calor** y se condensa en forma de gotas. Así funciona el ciclo del agua en nuestro planeta: el sol calienta el agua existente en la superficie de las plantas, ríos, lagos y mares, evaporándola, y provoca también que las plantas transpiren. Todo ese vapor sube y **a medida que asciende se enfría** y se condensa en gotas. Estas se acumulan en las nubes, hasta que pesan demasiado y caen en forma de lluvia, nieve o granizo, según la temperatura, alimentando de nuevo los ríos, lagos, mares y aguas subterráneas.

25

CONVERTIR AGUA SALADA EN DULCE

Materiales

- un cazo
- agua
- sal
- una cucharilla

❶ Echa un poco de agua en el cazo y, con ayuda de un adulto, ponlo a calentar.

❷ Añade una pizca de sal y remueve con la cucharilla.

❸ Cuando hierva, mantén la cucharilla (que debe estar seca y fría) sobre el cazo. Luego dale la vuelta a la cuchara: ¿qué ha ocurrido? Pasa la lengua por esa parte de la cucharilla. ¿Cómo te sabe?

¿Qué sucede?

Se forman gotitas de agua en la parte inferior de la cuchara y **saben dulces**.

¿Por qué?

El agua al hervir se convierte en vapor, o que sube porque pesa menos y, al tocar la cuchara fría, **se condensa en gotas de agua pura**, sin la sal, ya que esta no se evapora sino que permanece en el fondo.

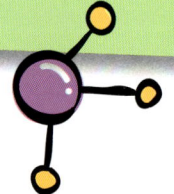

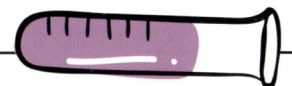

Materiales

- una jarra de cristal
- rotuladores de colores
- patatas de varios tamaños
- una cebolla
- un limón
- agua

❶ Llena la jarra por la mitad con agua.

❷ Marca en la jarra con un rotulador negro el nivel del agua.

❸ Mete con cuidado el limón en el agua y marca con otro color el nuevo nivel que alcanza. Saca el limón y haz igual con la cebolla.

❹ Ahora coge las patatas de diferentes tamaños y formas y hazles una cruz con rotulador de distinto color a cada una.

❺ Introduce una patata en el agua y marca el nivel con el mismo color de la cruz de esa patata. Sácala y haz lo mismo con las demás. ¿Flotan todas?

¿Qué sucede?

El nivel del agua **sube cada vez que metes un objeto** y este flota. Las patatas se hunden; puede que alguna pequeña flote.

¿Por qué?

Cuando un cuerpo se sumerge, ocupa un espacio en el agua. **Esa agua desalojada sube** y permite que flote el cuerpo, ya que este recibe **un empuje hacia arriba** igual al peso del agua que desaloja. Pero si el peso del cuerpo es mayor que el del agua desalojada, este se hunde.

27 INCREÍBLE: NO REBOSA

Materiales
- un vaso de cristal
- agua
- imperdibles
  o alfileres (muchos)

¿Qué sucede?

Caben muchos imperdibles o alfileres. Mirando la superficie del agua ves que el nivel queda más elevado que el vaso y que **el agua está curvada por el borde**.

❶ Coloca el vaso en el fregadero de la cocina o en la encimera y llénalo de agua hasta el borde.

❷ Ve echando con cuidado los imperdibles o los alfileres con ayuda de un adulto para que no te pinches. Hazlo de uno en uno, hasta que el agua rebose del vaso, y ve contándolos. ¿Cuántos han cabido sin derramar agua?

❸ Ahora agáchate para poner tus ojos a la altura del vaso y observa la superficie del agua. ¿Cómo es?

¿Por qué?

Las partículas del agua forman una película en la superficie porque están muy unidas entre sí. Esa **tensión superficial evita que el agua se derrame** y tiende a encerrarla, quedando la forma redondeada de la gota en el borde.

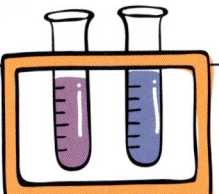

EL AGUA DETECTIVE  28

❶ Corta el papel por la mitad con las tijeras y luego corta tiras de 3 cm de ancho.

❷ Echa un dedo de agua en el vaso.

❸ Con un rotulador de color pinta un punto grande en una tira de papel, a 3 cm del extremo.

❹ Mete la tira en el agua y apóyala contra la pared del vaso. ¡Atención: el nivel del agua no debe llegar al punto! ¿Qué ves?

❺ Haz lo mismo con las otras tiras, pintando un punto de distinto color. Si la parte pintada del papel cae en el agua, cambia el agua.

¿Qué sucede?

El agua sube por el papel y, al mojar el punto coloreado, extiende la tinta. **Algunas tintas se separan** en varios colores.

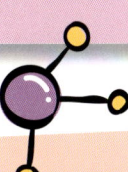

¿Por qué?

Muchas tintas se fabrican con mezcla de varias y la suma de esos colores da el color final. **Si la tinta es soluble en agua,** se separan sus componentes y vemos sus colores.

29 DISOLVER EN AGUA

Materiales

- 5 vasos de cristal iguales
- una cucharilla
- agua
- azúcar, tierra, pan rallado, café soluble, café molido
- leche, aceite, vino, alcohol...

❶ Llena de agua los cinco vasos.

❷ Echa en cada vaso una cucharadita de cada sólido: azúcar, tierra, pan rallado, café soluble y café molido. Remueve bien. ¿Cuál se disuelve y cuál no?

❸ Limpia los vasos y vuelve a llenarlos de agua.

❹ Prueba ahora con los líquidos, echando tres cucharaditas de cada uno. ¿Se disuelven todos al remover el agua?

¿Qué sucede?

El azúcar y el café soluble se disuelven, pero el otro café, el pan rallado y la tierra **quedan flotando en el agua** y luego se van al fondo del vaso. La leche, el vino y el alcohol sí se disuelven, mientras que el aceite flota.

¿Por qué?

Cuando las partículas del agua logran separar las partículas de la otra sustancia, ya sea sólida o líquida, esta **se disuelve y desaparece** en el agua. De lo contrario, la sustancia se mantiene visible y separada, es decir, no es «soluble».

Materiales

- un vaso
- un tapón de corcho
- agua
- una cuchara

❶ Llena el vaso con agua hasta casi el borde.

❷ Coloca el tapón sobre el agua y observa que flota y que enseguida se desplaza hacia un lado del vaso.

❸ Debes conseguir que el tapón se quede en el centro del vaso y permanezca ahí sin tocarlo tú.

❹ Prueba a soplar hacia él. ¿Qué ocurre?

❺ Ahora añade cucharadas de agua al vaso con mucho cuidado. Obsérvalo.

¿Qué sucede?

Al soplar, el tapón se desplaza al centro pero no permanece en él sino que **vuelve a un extremo del vaso**. Si añades agua, el tapón sí termina quedándose en el centro.

¿Por qué?

Cuando el nivel del agua sobrepasa el borde del vaso, **la tensión superficial del agua** hace que esta forme una pequeña elevación en el centro **para que no se derrame**, y el tapón tiende a colocarse ahí, ya que es el punto más estable.

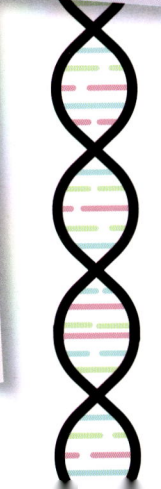

31 MEJOR UNA PAJITA QUE DOS

Materiales
- un vaso de cristal
- agua o zumo
- dos pajitas

❶ Llena tres cuartas partes del vaso con agua o zumo.

❷ Coloca una pajita en el vaso y sorbe el líquido. ¿Te ha costado esfuerzo? Fíjate en la cantidad que logras beber de un sorbo.

❸ Vuelve a llenar el vaso como antes, mete la pajita y sujeta con la otra mano la segunda pajita fuera del vaso. Se trata ahora de que sorbas al mismo tiempo por las dos pajitas, una dentro del vaso y otra fuera. ¿Notas diferencia?

¿Por qué?

Al aspirar disminuimos la presión dentro de la pajita, con lo cual **la presión del aire externo** sobre el líquido es mayor y empuja al líquido hacia dentro de la pajita, donde hay menor presión. Pero si a la vez aspiras por la pajita externa, la presión atmosférica actúa por su orificio y **compensa la disminución de presión** por absorción, igualando las presiones.

¿Qué sucede?

Cuando sorbes a la vez por la pajita que va al líquido y la de fuera, **no logras sorber** apenas nada, solo unas gotas.

UNA GRAN BURBUJA DE AIRE

Materiales

- una taza de agua templada
- jabón para lavavajillas
- una cuchara
- azúcar
- dos pajitas
- 1 m de cordel
- un barreño

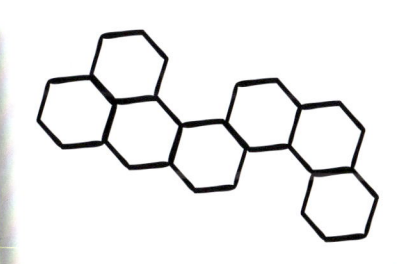

❶ Echa tres cucharadas de jabón al agua templada y remueve lentamente sin formar espuma.

❷ Añade media cucharada de azúcar, remueve y mete la mezcla en la nevera unos cinco minutos.

❸ Pasa el cordel por dentro de las dos pajitas y ata los extremos.

❹ Llena el barreño con la mezcla jabonosa. Sumerge las pajitas y el cordel.

❺ Con las manos mojadas, saca las pajitas (una en cada mano) y tensa el cordel. Agítalas en el aire varias veces. Luego levántalas y júntalas. ¿Pasa algo?

¿Qué sucede?

Se forma una enorme **burbuja redonda**.

¿Por qué?

Al agitar en el aire el marco jabonoso que has creado con las pajitas y el cordel estirado, has añadido una gran cantidad de aire a esa mezcla jabonosa y el resultado es **una pompa gigante** rellena de aire.

33 | HAZ UNA COMETA VOLADORA

Materiales

- una bolsa de basura
- dos varillas de madera de 1 m
- una cinta de tela de 2 m
- cinta adhesiva
- 50 m de cordel
- una regla
- cúter y tijeras

1 Recorta con las tijeras el cierre de frunce de la bolsa y sella la abertura con cinta adhesiva.

2 Coloca una varilla en diagonal sobre la bolsa, de punta a punta, y pide a un adulto que corte con el cúter lo que sobra. Pégala con cinta adhesiva a la bolsa y refuerza los extremos.

3 Pon curvada la otra varilla en la otra diagonal y pégala igual.

4 Pega con cinta adhesiva el cruce de las dos varillas.

5 Dale la vuelta a la cometa y mide 20 cm sobre la varilla recta desde la punta inferior. Agujerea ahí la bolsa con las tijeras, introduce el cordel y átalo a la varilla.

6 Desde el cruce de la varillas, mide 10 cm sobre la curva a cada lado, agujerea en ambos puntos y ata dos trozos largos de cordel a la varilla.

7 Los anclajes del cordel a la cometa deben formar un triángulo isósceles. Ata los tres cordeles arriba en el centro y deja el resto de cordel para volar la cometa a gran altura.

8 Prueba a volar la cometa. ¿Qué ocurre?

9 Añade la cinta de tela al extremo inferior de la varilla recta y pégala bien. Sal ahora a volar la cometa. ¿Notas diferencia?

¿Qué sucede?

Sin la cinta, la cometa **da bandazos** y cae enseguida. Con ella, vuela muy alto.

¿Por qué?

La cinta hace las veces de cola y **da estabilidad** a la cometa. Es un contrapeso que tira hacia abajo y le proporciona así equilibrio en los **continuos movimientos** que provoca el viento.

MIDE TU CAPACIDAD PULMONAR

Materiales

- un barreño
- una botella de plástico de 3 l
- cinta adhesiva de papel
- agua
- una jarra medidora
- un tubo fino y flexible de plástico o goma
- un rotulador

❶ Pega en vertical una tira de cinta adhesiva en la botella.

❷ Llena el recipiente medidor con 250 ml de agua y viértela en la botella. Marca el nivel con una rayita en la cinta adhesiva y escribe la medida 250.

❸ Repite el paso 2 hasta llegar a la parte superior cilíndrica de la botella. Ve sumando la medida resultante cada vez.

❹ Rellena de agua la botella hasta el borde y ciérrala con el tapón.

❺ Llena la mitad del barreño con agua. Pon la botella boca abajo y métela en el barreño así en vertical.

❻ Pide a un ayudante que te sujete la botella sin apoyarla en el barreño pero de forma que el cuello esté siempre sumergido en el agua. Quita el tapón. ¿Qué pasa?

❼ Mete el tubo flexible dentro de la botella sin mover esta y prepárate para soplar por el otro extremo del tubo. Inspira bien para tomar mucho aire y sopla por el tubo todo lo que puedas. ¿Qué ocurre?

❽ Fíjate en la marca de nivel del agua. Esa medida es tu capacidad pulmonar.

❾ Pide a tu ayudante que haga también el experimento y comparad vuestra capacidad respiratoria.

¿Qué sucede?

En el paso 6 **no se sale el agua** de la botella. En el 7 el agua baja de nivel.

¿Por qué?

El aire que introduces al soplar **desplaza el agua** que había en la botella y puedes medir su volumen fijándote en la marca del nivel del agua, ya que las medidas de la cinta las señalaste de abajo arriba en la botella. **Ese es el aire que había en tus pulmones.** Así funciona el espirómetro con que los médicos miden la capacidad pulmonar.

35

UNA CERILLA ACROBÁTICA

❶ Con ayuda de un adulto y la punta de las tijeras perfora la caja vacía para hacer un pequeño agujero.

❷ Clava una cerilla en ese agujero en posición vertical.

❸ Coloca la moneda sobre la caja, a la izquierda de esa cerilla y separada.

❹ Pon una cerilla inclinada que se apoye en el extremo de la moneda y en la otra cerilla. ¿Cómo quitarías esa moneda sin tocar ninguna de las dos cerillas?

❺ Pide al adulto que encienda otra cerilla y queme por el centro de las dos la que está inclinada.

Materiales

- una caja de cerillas vacía
- cerillas
- una moneda
- tijeras

¿Qué sucede?

La cerilla inclinada **se quema más rápidamente** que la vertical y se levanta.

¿Por qué?

El fuego de la cerilla inclinada se traspasa a la cerilla vertical, fundiéndose ambas cabezas de fósforo. Como la cerilla inclinada se quema antes, el aire caliente de arriba **ejerce menor presión** que el aire de abajo (más frío), por lo que este la empuja hacia arriba y la cerilla se eleva.

POMPAS CON CALOR DE TUS MANOS

Materiales

- una lata de refresco
- un CD viejo
- un tapón de plástico
- jabón líquido
- agua

¿Qué sucede?

Se forma una pompa en el agujero del CD, que estalla y vuelve a formarse otra.

❶ Llena el tapón con agua. Añade un poco de jabón líquido y remueve con el dedo.

❷ Extiende la mezcla jabonosa sobre la mitad central del CD alrededor del agujero.

❸ Dale la vuelta al CD y ponlo sobre la lata.

❹ Echa mezcla jabonosa en el agujero del CD hasta que forme una capa.

❺ Abraza la lata con las manos, sin apretar. Mantenlas así y observa lo que ocurre.

¿Por qué?

Con las manos has calentado el aire interior de la lata, con lo cual **ese aire se dilata y expande** e intenta salir por el agujero del CD, pero como encuentra una capa de jabón **la infla y forma una burbuja**, al igual que cuando soplamos por la pajita de pompas.

EL AIRE ESTÁ POR TODAS PARTES

37

Materiales
- un cubo
- agua
- una botella

❶ Llena el cubo con agua.

❷ Mete en el agua la botella vacía con el tapón puesto.

❸ Coloca la botella tumbada dentro del agua y quítale el tapón. ¿Qué ocurre?

❹ Pasados unos minutos, ¿notas diferencia en la botella?

¿Qué sucede?

Al quitar el tapón, **salen burbujas de la botella y va entrando agua en ella hasta llenarla.**

¿Por qué?

Aunque parecía vacía, la botella estaba llena de aire, que sale en forma de burbujas cuando quitas el tapón. **El aire sale** porque es menos denso que el agua, y el espacio que ocupaba dentro de la botella **lo va ocupando ahora el agua** debido a la presión que ejerce.

UNA EXTRAORDINARIA VENTOSA

Materiales

- un vaso
- un cartón satinado (de un envase)
- agua

❶ Pon el vaso en el fregadero de la cocina y llénalo de agua completamente, hasta el borde.

❷ Coloca el cartón por la parte satinada sobre el vaso, tapándolo.

❸ Apoya la palma de una mano sobre el cartón mientras con la otra mano le das la vuelta al vaso.

❹ Situándote sobre el fregadero, retira la mano que sostiene el cartón. ¿Qué pasa?

❺ Teniendo el vaso dentro del fregadero, dale un golpecito al cartón con el dedo. ¿Qué ocurre ahora?

¿Qué sucede?

Cuando retiras la mano, el cartón se queda pegado al vaso y **no se caen** ni él ni el agua. Cuando golpeas el cartón, este cae y sale toda el agua.

¿Por qué?

La presión que ejerce el aire del exterior desde abajo sobre el cartón es mayor que la presión que ejerce el agua con su peso. Por eso **el aire empuja el cartón** hacia arriba y no se cae. Cuando le das al cartón, entra aire en el vaso y termina el **efecto ventosa**, ya que se han equilibrado la presión interna y la externa.

39

APLASTA UNA BOTELLA SIN TOCAR

Materiales

- una botella de plástico con tapón
- un cazo
- agua

¡Oooooohh!

❶ Con ayuda de un adulto, calienta agua en el cazo y viértela en la botella hasta llenarla.

❷ Pasados unos diez segundos, vacía la botella y ponle enseguida el tapón.

❸ Observa la botella durante un rato.

¿Qué sucede?

La botella **se aplasta** por los lados.

¿Por qué?

Con el agua caliente el aire de la botella vacía se ha calentado. Como el aire caliente **es menos denso** y pesado que el frío, ejerce también **menor presión**; por eso, el aire externo que rodea la botella, al estar más frío, ejerce **más presión** sobre la botella y la aplasta.

GLOBO QUE NO SE DESINFLA 40

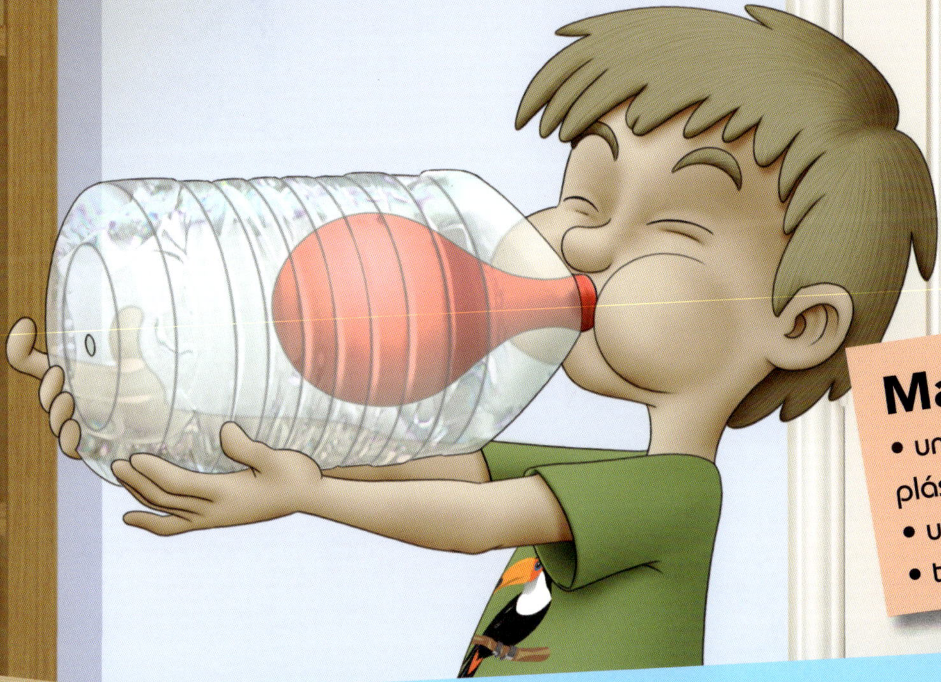

Materiales

- un bidón de plástico de 5 litros
- un globo
- tijeras

1. Con ayuda de un adulto, haz un agujero en la parte inferior del bidón utilizando la punta de las tijeras.
2. Mete el globo en el bidón y ajústalo a su boca.
3. Sujeta el bidón por abajo con una mano, por la parte del agujero pero sin taparlo. Infla el globo soplando por él y, en cuanto dejes de soplar, cierra con un dedo el agujero inferior. ¿Se desinfla el globo?
4. Quita el dedo del agujero. ¿Qué ocurre?
5. Ahora que sabes cómo funciona, prueba a hacerlo ante los amigos sin que se note que tapas o destapas el agujero. ¡Parecerá magia!

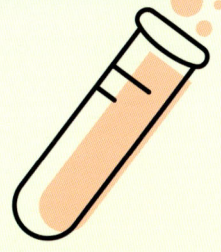

¿Qué sucede?

Tapando el agujero del bidón con el dedo, el globo se mantiene inflado, pero en cuanto lo quitas se desinfla.

¿Por qué?

El globo lo has podido inflar dentro del bidón gracias al agujero hecho, pues el aire interior del globo empuja el que había en el bidón. Al cerrar el agujero, **impides que entre aire** por ahí en el bidón, con lo cual **no aumenta la presión** del aire sobre el globo y este no se desinfla. Si dejas que entre más aire, sí.

41

UN AIRBAG CASERO

Materiales

- una bolsita de plástico
- una bolsa con cierre hermético
- vinagre
- bicarbonato sódico
- un martillo

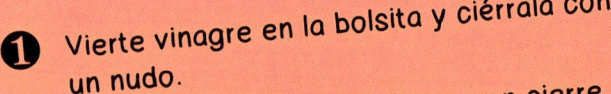

❶ Vierte vinagre en la bolsita y ciérrala con un nudo.

❷ Echa bicarbonato en la bolsa con cierre. Ponla tumbada sobre la mesa y distribuye el bicarbonato.

❸ Mete la bolsita de vinagre en el centro de la otra bolsa, cuidando de que quede rodeada de bicarbonato. Sella el cierre hermético.

❹ Con ayuda de un adulto golpea con el martillo la bolsa, justo sobre la bolsita. Hazlo con fuerza. ¿Ocurre algo?

¿Qué sucede?

La bolsa grande **se infla** mucho.

¿Por qué?

Al golpear fuerte la bolsa (equivale al golpe de un accidente de coche) se rompe la bolsita de dentro, sale el vinagre y se mezcla con el bicarbonato, **produciendo dióxido de carbono**, un gas que infla la bolsa grande como si fuera un *airbag*.

LAS PLANTAS PRODUCEN OXÍGENO

Materiales
- un vaso de cristal
- una hoja verde
- agua

① Llena el vaso con agua y sumerge la hoja.

② Coloca el vaso fuera al sol, en el alféizar de la ventana, y espera unas horas para que se caliente.

③ Pasado el tiempo observa la hoja.

¿Qué sucede?

Han aparecido muchas **burbujitas** sobre la hoja.

¿Por qué?

Es el oxígeno que ha producido la hoja. Y es que las plantas tienen **una sustancia llamada «clorofila»** que, además de darles el color verde, se combina con el agua, la luz solar y el dióxido de carbono que hay en el aire y produce una especie de azúcar, que es su alimento, al tiempo que **libera oxígeno**.

43 INFLAR UN GLOBO SIN SOPLAR

Materiales

- una botella
- un globo
- agua
- un cazo

❶ Infla el globo para estirarlo y desínflalo.

❷ Coloca la boquilla del globo en el cuello de la botella.

❸ Llena de agua el cazo y caliéntala al fuego con ayuda de un adulto.

❹ Retira el cazo del fuego y mete la botella dentro del agua caliente. Observa lo que ocurre.

¿Qué sucede?

El globo empieza a **inflarse**.

¿Por qué?

El aire que hay dentro de la botella vacía **se calienta por efecto del agua** y ello hace que las partículas del aire se muevan más deprisa y se separen entre sí, con lo cual **el aire se dilata** y entra en el globo para ocupar el espacio que necesita.

GLOBO LEVANTADOR DE PESOS

Materiales

- un globo
- un vaso alto de cristal
- cerillas

❶ Infla el globo, pero no demasiado. Anúdalo.

❷ Con ayuda de un adulto, enciende una cerilla y échala dentro del vaso.

❸ Coloca el globo encima del vaso y mantenlo así con la mano hasta que se apague la cerilla. ¿Notas alguna diferencia en el globo?

❹ Levanta el globo con la mano y desplázalo hacia un lado. ¿Qué ocurre?

¿Qué sucede?

Cuando se apaga la cerilla, **el globo se mete un poco en el vaso** y, si levantas el globo, este tira del vaso y lo levanta también.

¿Por qué?

La llama de la cerilla **consume el oxígeno del aire**; al haber menos aire dentro del vaso, el globo ocupa su lugar y entra más en el vaso, con lo cual hace ventosa y queda encajado.

EL HUEVO Y LA BOTELLA

45

Materiales

- un huevo cocido
- una botella de boca mediana
- un cuchillo
- tres velitas (de las de cumpleaños)
- cerillas
- plato

❶ Pincha las tres velitas en el huevo duro.

❷ Con ayuda de un adulto, corta el huevo por la parte inferior para que quede plano y enciende las velas.

❸ Coloca el huevo sobre la encimera de la cocina o un plato. Pon la botella boca abajo sobre el huevo, de forma que las velas queden dentro de la botella, y presiona contra el huevo. Observa lo que ocurre.

¿Por qué?

La llama de las velas consume el oxígeno del aire interior de la botella, por eso se apagan; pero como ese aire se ha calentado, disminuye su presión y entonces la presión del aire más frío de fuera empuja **al huevo**, que **entra en la botella y ocupa el lugar vacío que ha dejado el oxígeno** consumido.

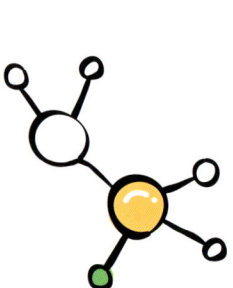

¿Qué sucede?

Las **velitas se apagan** a los pocos segundos y el **huevo entra en la botella**.

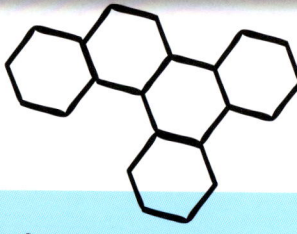

54

Materiales

- dos globos
- una vela
- cerillas
- agua

❶ Infla un globo y hazle un nudo.

❷ Pide a un adulto que encienda la vela y sujete el globo por encima de la llama, acercándolo a ella. ¿Qué sucede?

❸ Llena el otro globo con agua del grifo ajustando a este la boquilla. Anúdalo.

❹ Acerca el globo de agua a la llama de la vela y mantenlo así un rato. ¿Notas diferencia?

¿Qué sucede?

El globo inflado con aire **explota**, mientras que el de agua no.

¿Por qué?

El aire del globo cercano a la llama **se calienta muy rápido** con el fuego, se expande y revienta el globo. En cambio, el agua absorbe lentamente el calor de la llama y lo reparte por el interior del globo, **haciendo que la temperatura aumente** poco a poco y no haga estallar el globo.

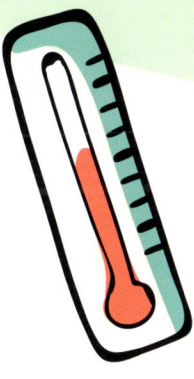

47 COMPRUEBA LA PRESIÓN DEL AIRE

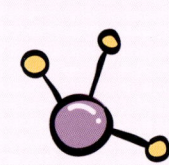

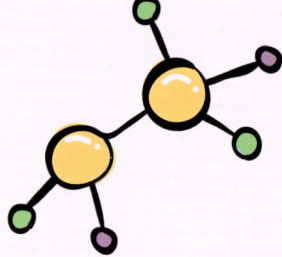

Materiales

- un periódico
- una regla
- una mesa

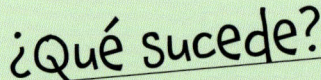

❶ Coloca la regla sobre la mesa de modo que sobresalga 8 cm del borde.

❷ Dale un golpe suave a la regla con la mano en esa parte que sobresale. ¿Qué pasa?

❸ Coloca de nuevo la regla como antes pero pon ahora el periódico encima de ella, de forma que el borde del papel quede alineado con el de la mesa.

❹ Golpea la parte que sobresale de la regla. ¿Qué ocurre ahora?

¿Qué sucede?

La primera vez la regla sale despedida. Con el periódico, la regla **apenas se mueve** y no puede levantar el papel.

¿Por qué?

La presión del aire sobre la amplia superficie del periódico **impide que se muevan** este y la regla. Esto sucede porque el aire ejerce una presión de 1 kg por cada centímetro cuadrado de superficie, y el periódico tiene unos cuantos centímetros cuadrados.

Materiales
- una botella de cristal
- una moneda

❶ Asegúrate de que la moneda tiene un diámetro un poco mayor que la boca de la botella.

❷ Mete la botella vacía y sin tapón en el congelador durante media hora.

❸ Saca la botella. Humedece la moneda y ponla sobre la boca de la botella. Observa lo que ocurre.

¿Qué sucede?

La moneda **se levanta** de manera intermitente, con más frecuencia al principio.

¿Por qué?

El aire interior de la botella congelada **se calienta con la temperatura ambiente y se dilata,** con lo cual sale aire por la boca de la botella y levanta la moneda. Cuando las temperaturas del aire interior y exterior se van igualando, la moneda termina parándose.

49 UNA PELOTA SALTARINA

Materiales

- un vaso de cristal
- una pelota de ping-pong

① Mete la pelotita de ping-pong en el vaso.

② Inclina tu cara por encima del vaso y sopla rápidamente y con fuerza hacia el interior. ¿Ocurre algo?

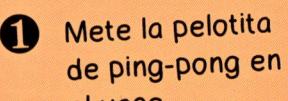

¿Qué sucede?

La pelota salta y se sale del vaso.

¿Por qué?

Tu soplido fuerte y rápido **aumenta de golpe la presión** de aire que hay dentro del vaso y hace que el aire salga y arrastre consigo la pelota, con lo cual esta sale despedida.

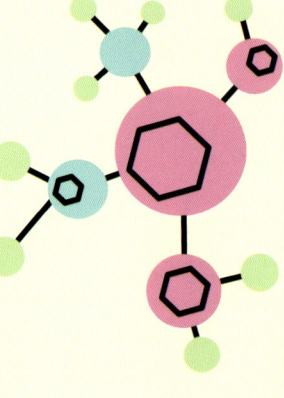

Materiales

- mezcla jabonosa
- un tapón de corcho
- una aguja
- un carrete de hilo vacío
- papel
- una escuadra
- lápiz y tijeras

1 Pide a un adulto que clave la aguja en el centro del tapón dejando la punta hacia arriba.

2 Traza con la escuadra un cuadrado de 7 cm de lado en el papel y recórtalo con las tijeras.

3 Dobla el papel en diagonal dos veces. Desdóblalo y apoya el cruce de los pliegues en la punta de la aguja.

4 Moja en la mezcla jabonosa un extremo del carrete. Sopla por el agujero del otro extremo y, en cuanto asome una pompa, acerca al papel el agujero del carrete por donde has soplado. ¿Ocurre algo?

¿Qué sucede?

La pompa **termina estallando** y entonces el papel se mueve y gira.

¿Por qué?

El aire del interior de la pompa sale por el otro extremo del carrete cuando esta estalla y **empuja el papel**, que, al estar apoyado en la aguja, **gira alrededor de ese eje** (que opone resistencia al aire) en vez de salir despedido.

51 UNA HÉLICE DE AVIONETA

Materiales

- dos pajitas, una más gruesa que la otra
- cinta adhesiva
- tijeras

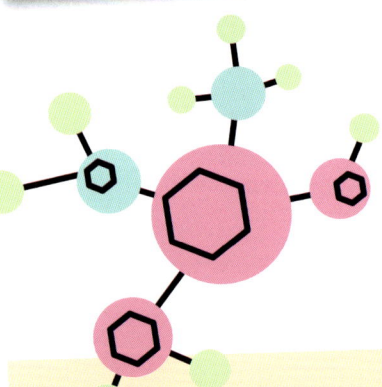

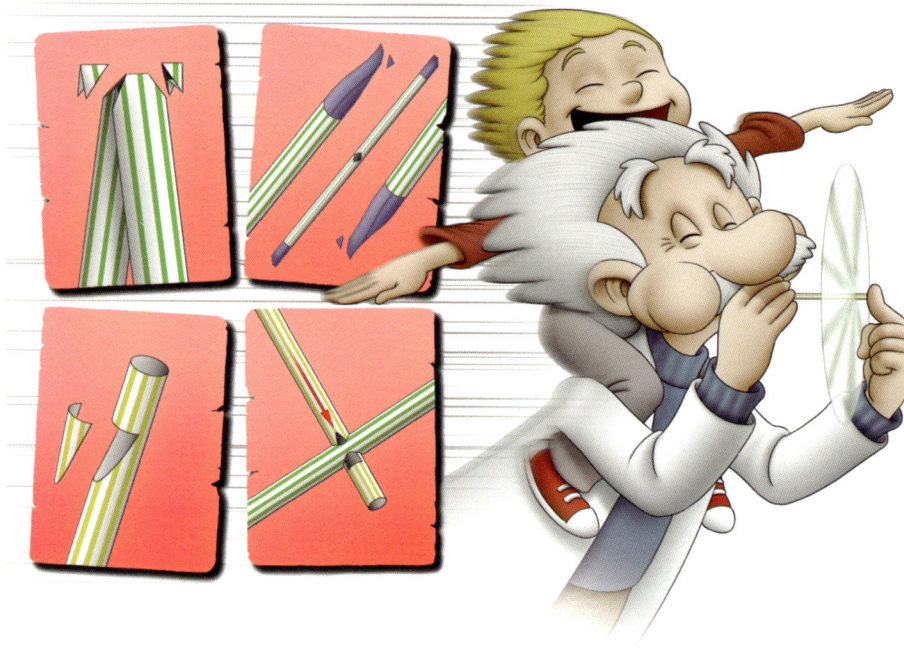

❶ Dobla la pajita más gruesa por la mitad y corta en diagonal con las tijeras los dos picos del pliegue.

❷ Estira la pajita y, con el agujero hecho hacia ti, aplasta y cierra los dos extremos con cinta adhesiva. Corta con las tijeras el pico derecho de un extremo y el pico izquierdo del otro.

❸ En la pajita fina haz un corte en diagonal hacia arriba, a 1 cm del extremo y solo hasta el centro de la pajita. Corta en horizontal la parte superior y retira ese triangulito.

❹ Coge las dos pajitas con los agujeros hacia ti e inserta la fina en la gruesa.

❺ Sujeta la pajita fina en la mano y tapa con un dedo su extremo mientras soplas por el otro. Observa bien.

¿Qué sucede?

La pajita ancha **se mueve y gira** como la hélice de una avioneta.

¿Por qué?

El aire que introduces **al soplar en la pajita fina**, como no tiene salida por el extremo tapado con el dedo, sale por la otra pajita y, puesto que esta tiene las aberturas de los extremos a distinta altura por los picos que cortaste (una queda arriba y la otra abajo), el aire que sale por ellos la **hace girar en torno al eje** que la sujeta.

Materiales

- una vela
- cerillas
- un frasco pequeño
- una cucharilla
- bicarbonato sódico
- vinagre

❶ Con ayuda de un adulto, enciende la vela con una cerilla.

❷ Echa en el frasco una cucharadita de bicarbonato y añádele un chorro de vinagre.

❸ Acerca la boca del frasco a la vela.

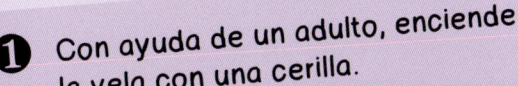

¿Qué sucede?

La vela **se apaga**.

¿Por qué?

La mezcla de bicarbonato y vinagre **produce una reacción química** que genera un gas: el dióxido de carbono. Este gas que sale del frasco es el que apaga la llama y hace la función de un soplido.

53 LA FUERZA DE UN SOPLIDO

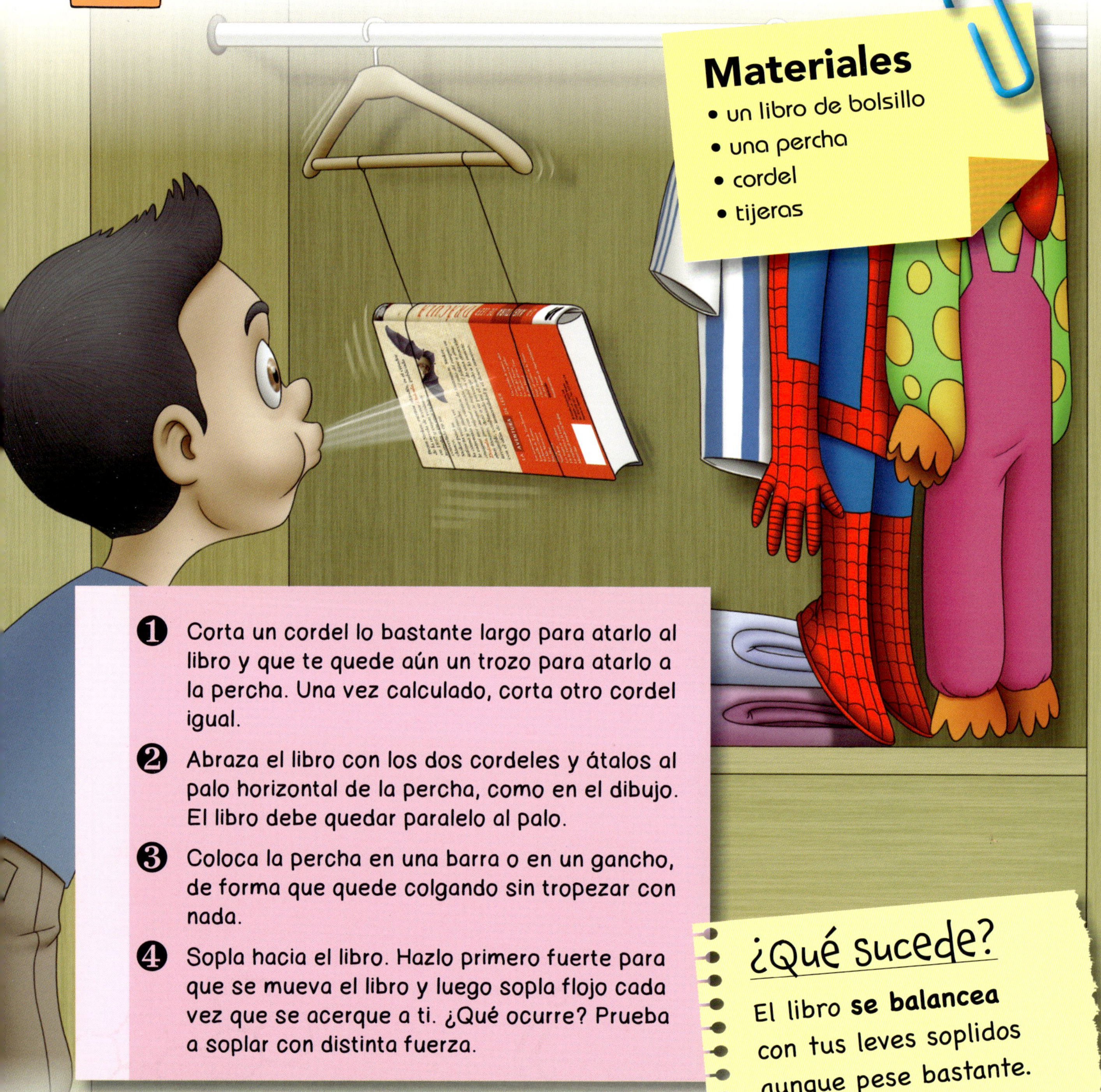

Materiales
- un libro de bolsillo
- una percha
- cordel
- tijeras

❶ Corta un cordel lo bastante largo para atarlo al libro y que te quede aún un trozo para atarlo a la percha. Una vez calculado, corta otro cordel igual.

❷ Abraza el libro con los dos cordeles y átalos al palo horizontal de la percha, como en el dibujo. El libro debe quedar paralelo al palo.

❸ Coloca la percha en una barra o en un gancho, de forma que quede colgando sin tropezar con nada.

❹ Sopla hacia el libro. Hazlo primero fuerte para que se mueva el libro y luego sopla flojo cada vez que se acerque a ti. ¿Qué ocurre? Prueba a soplar con distinta fuerza.

¿Qué sucede?

El libro **se balancea** con tus leves soplidos aunque pese bastante.

¿Por qué?

El aire que expulsas en el primer soplido fuerte empuja al libro y esa energía que le transmites la devuelve **moviéndose en sentido contrario**, hacia ti, de forma que una vez empezado el balanceo del libro basta **un leve soplido rítmico** para seguir moviéndolo.

Materiales

- una botella de boca mediana
- papel

1 Corta con la mano un trozo pequeño de papel y haz una bolita con él.

2 Coloca la botella tumbada sobre una mesa y pon la bolita en el cuello de la botella, junto a la boca.

3 Sopla rápidamente y con fuerza hacia el interior de la botella. ¿Consigues meter la bolita? (Cuidado, ¡aparta la cara!).

¿Qué sucede?

La bolita **no entra en la botella**, sino que sale despedida hacia fuera.

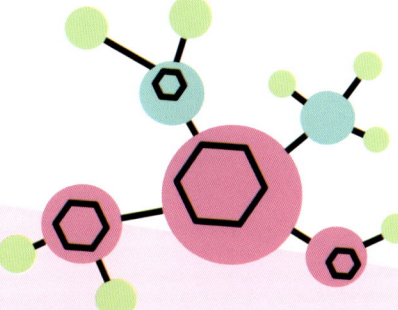

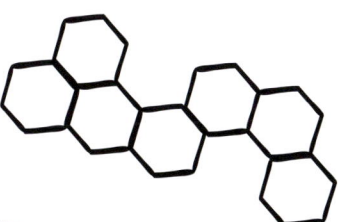

¿Por qué?

El aire de tu fuerte **soplido va tan rápido** que llega al fondo de la botella y aumenta la presión del aire dentro de ella, con lo cual sale el aire hacia fuera y **arrastra la bolita disparada hacia el exterior.**

UN TORNADO CASERO

Materiales
- una botella de plástico transparente
- papel de aluminio
- agua

❶ Haz bolitas con el papel de aluminio y échalas en la botella.

❷ Llena de agua dos terceras partes de la botella y ciérrala.

❸ Agarra la botella por abajo con una mano y agítala fuerte en sentido giratorio sobre una mesa. Párala. Observa bien.

¿Qué sucede?

Se forma **un remolino de agua** y aire y tanto las bolitas como el agua giran en espiral con forma de tornado.

¿Por qué?

El impulso giratorio de la mano mueve el agua y el aire de la botella en el mismo sentido, **creando un torbellino que arrastra las bolitas** y las obliga a girar también en espiral dentro de él por **la fuerza centrífuga**. Así ocurre con los tornados o huracanes.

Materiales

- tiza
- un pañuelo

¿Qué sucede?

El pañuelo **se mueve hacia atrás** cuando le da el viento de frente.

¿Por qué?

El viento puede soplar en distintas direcciones: norte, sur, este y oeste. **El movimiento del aire** empuja el pañuelo **en su misma dirección**. Así logras saber la dirección del viento.

❶ Sal a la calle un día de viento por la mañana y sitúate mirando al sol para saber que ese es el este. Marca en el suelo con la tiza esa orientación escribiendo una E.

❷ Gira un cuarto de vuelta a la izquierda y marca en el suelo con la tiza la N de norte. Gira otro cuarto y escribe la O de oeste. Gira un cuarto de vuelta más y escribe la S de sur.

❸ Despliega el pañuelo y sujétalo con las dos manos mirando al norte. ¿Se mueve hacia atrás?

❹ Ve girándote con el pañuelo hacia cada punto cardinal y observa en qué posición el pañuelo ondea hacia atrás.

57 UN COHETE ESPACIAL

Materiales

- dos globos alargados
- un vaso de plástico
- tijeras
- cinta adhesiva

❶ Con ayuda de un adulto y las tijeras, corta el vaso por la mitad.

❷ Infla un globo. Mete la boquilla por la mitad superior del vaso, sácala por abajo y dóblala para fijarla a la parte exterior con cinta adhesiva de modo que no salga el aire.

❸ Mete el otro globo por el otro lado del vaso cortado e ínflalo. Debe salir una pequeña parte del globo por la parte superior del vaso y el resto por abajo. Mientras sujetas con los dedos la boquilla del segundo globo, quita la cinta adhesiva del primero. ¿Qué observas?

❹ Sitúate en un lugar despejado y suelta el globo que tienes sujeto. Observa bien.

¿Qué sucede?

Al quitar la cinta, el primer globo **sigue inflado**. Cuando sueltas el segundo globo, se desinfla, sale despedido y empuja al otro.

¿Por qué?

El segundo globo impide con su presión que se desinfle el primero cuando le quitas la cinta adhesiva. Al soltar el segundo globo, **el aire interior sale hacia atrás** y empuja el globo hacia delante por reacción. Al perder aire deja de presionar el primer globo y este se desinfla y sale impulsado también. **Con estas dos fases, el primer globo vuela más lejos**. Así se impulsan al espacio los cohetes espaciales.

Materiales

- dos globos
- una varilla o un palo uniforme
- cinta adhesiva
- cordel
- tijeras
- una regla
- lápiz o rotulador

❶ Con ayuda de un adulto, corta dos trozos de cordel de la misma longitud. Ata cada cordel a un globo y luego a uno y otro extremo del palo o varilla.

❷ Mide el palo con la regla y marca la mitad con el lápiz o rotulador.

❸ Corta un trozo de cordel y ata un extremo al centro del palo, justo en la mitad. El otro extremo sujétalo con cinta adhesiva a una balda o a un armario de cocina, de forma que el palo quede colgando sin tropezar con nada. Ya tienes una balanza.

❹ Comprueba que el palo está horizontal. Si no es así, ajusta los cordeles que sujetan los globos.

❺ Quita uno de los globos con cuidado e ínflalo bien grande.

❻ Coloca el globo inflado en el extremo del palo como antes. ¿Cambia la balanza?

¿Qué sucede?

La balanza **se inclina** hacia el lado del globo inflado.

¿Por qué?

El aire que llena el globo inflado pesa y por eso dicho globo tiene **mayor peso** que el globo sin inflar.

59 ECO, ECOOO...

❶ Con ayuda de un adulto, busca una habitación lo más grande posible y totalmente vacía, sin muebles ni cosas en las paredes (otra opción es hacer el experimento metiendo la cabeza en un armario vacío.)

❷ Colócate en un extremo de la habitación, da una palmada y escucha cómo suena.

❸ Pide a tu ayudante que extienda la manta en el suelo y después da otra palmada. ¿Suena igual?

❹ Ahora piensa una frase larga y dila en voz alta. Fíjate bien en cómo suena.

❺ Pide a tu ayudante que quite la manta y repite la frase. ¿Notas diferencia al escucharla?

¿Qué sucede?

El sonido de la palmada y de la frase **tiene más reverberación** cuando no hay manta.

¿Por qué?

El eco o la reverberación del sonido se produce porque **la onda sonora choca perpendicularmente contra algo**, en este caso la pared, y rebota hacia el lugar de origen. En una habitación vacía, el tiempo de reverberación es más largo que si está la manta, pues esta **absorbe las vibraciones** del sonido propagado por el aire.

CÓMO AUMENTAR EL SONIDO

Materiales

- un folio
- cinta adhesiva
- una radio

❶ Enrolla el folio en forma de cono (si no sabes cómo es un cono, pregunta a un adulto) y deja un pequeño agujero en la parte más estrecha. Sujétalo con cinta adhesiva.

❷ Enciende la radio y baja mucho el volumen.

❸ Coloca el agujero pequeño del cono en el oído (sin meterlo) y dirige la parte ancha hacia la radio. ¿Cómo la oyes?

❹ Ahora quítate el cono del oído. ¿Notas diferencia al escuchar la radio?

¿Qué sucede?

El sonido de la radio llega **con más claridad** a través del cono.

¿Por qué?

El cono de papel hace las veces de megáfono: **recoge los sonidos y los dirige hacia el oído**, con lo cual este los percibe mejor, aunque el volumen inicial sea bajo. Es la misma función que hacía la trompetilla antiguamente cuando una persona no oía bien.

61 CÓMO HACER REBOTAR EL SONIDO

Materiales
- un reloj que haga tictac
- una caja de zapatos
- dos tubos de cartón
- gomaespuma de embalar o algodón
- un cúter

❶ En la cocina, cubre con la gomaespuma o el algodón el fondo y los cuatro lados de la caja.

❷ Coloca la caja de lado sobre la mesa. Mete dentro el reloj.

❸ Con ayuda de un adulto y el cúter haz en la tapa de la caja un agujero del diámetro del tubo. Cierra la caja y mete el tubo por el agujero.

❹ Ponte el otro tubo en una oreja y tápate el oído contrario con la mano. Acerca el tubo a unos 10 cm del tubo de la caja. ¿Qué oyes?

❺ Ahora gira la caja de modo que el tubo enfoque hacia la pared y quede a unos 10 cm de ella. Acerca tu tubo como antes al otro tubo y escucha. ¿Oyes el reloj?

¿Qué sucede?

En el paso 4, **oyes los ruidos** de la cocina pero no el reloj que hay en la caja. En el paso 5 sí que **oyes el tictac** del reloj.

¿Por qué?

Cuando los tubos están orientados hacia fuera de la mesa, al espacio de la cocina, **las ondas sonoras** que emite el reloj no rebotan en nada y por eso no lo oyes. En cambio, al dirigir los tubos hacia la pared, **el sonido del reloj rebota** en ella y vuelve hacia tu oído a través del tubo.

Materiales

- una pajita de beber
- una botella de cristal vacía
- agua

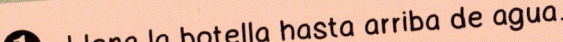

❶ Llena la botella hasta arriba de agua.

❷ Mete la pajita en ella y sopla por encima de la paja.

❸ Ahora baja la botella manteniendo la paja a la misma altura mientras soplas. Ve bajando y subiendo la botella sin dejar de soplar. Observa las diferencias.

¿Qué sucede?

Cuando la botella está más abajo, el sonido producido al soplar **es más grave**.

¿Por qué?

Porque cuanto **menos metida en el agua** está la paja, más cantidad de aire tiene dentro y la vibración es más lenta, por lo que **suena más grave**. Así funciona el instrumento musical llamado trombón de varas.

63 UN PAJARILLO CANTARÍN

Materiales

- la caperuza de un palo de escoba
- un tapón de corcho
- 60 cm de cordel
- cúter y cinta adhesiva

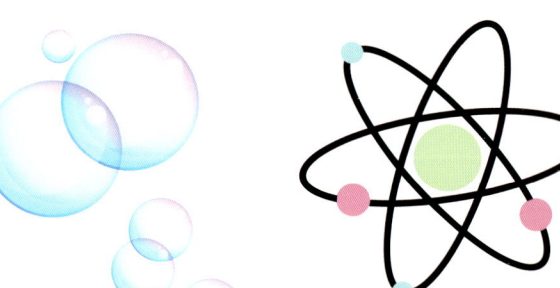

❶ Con la ayuda de un adulto corta un rectángulo de 0,5 x 2,5 cm en la caperuza del palo de la escoba.

❷ Mete el tapón de corcho en la caperuza, con cuidado de que no tape el agujero rectangular, y corta lo que sobresale. Pega con cinta adhesiva el tapón a la caperuza.

❸ Pasa el cordel por el asa de la caperuza y haz un nudo.

❹ Sujeta el extremo del cordel con una mano y haz girar la caperuza sobre tu cabeza. ¿Cómo suena?

¿Qué sucede?

La caperuza **silba en el aire** con un sonido que recuerda al de un pájaro o gaviota.

¿Por qué?

Al hacer pasar con fuerza el aire por el agujero de la caperuza, esta funciona **como un silbato** y produce un sonido agudo que varía según la gires con mayor o menor rapidez, por las vibraciones.

LENTEJAS AL SON DEL TAMBOR  64

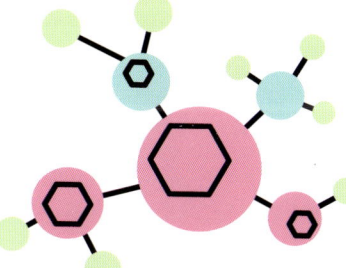

Materiales

- lentejas o pipas
- un cuenco
- una bolsa de plástico
- una goma elástica

❶ Cubre el cuenco con la bolsa de plástico, estírala bien, ténsala y sujétala con la goma.

❷ Con una mano agarra la goma y con la otra tira del plástico para tensarlo más.

❸ Pon unas cuantas lentejas o pipas sobre el plástico y golpéalo con los dedos. ¿Qué ocurre?

❹ Golpea algo más fuerte en el «tambor». ¿Y ahora?

¿Qué sucede?

Las lentejas o pipas vibran cuando golpeas el plástico y, si los golpes son más intensos, **llegan a saltar.**

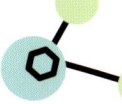

¿Por qué?

Los golpes hacen vibrar el plástico por ser un material elástico que está bien tenso y **estas vibraciones se transmiten a las lentejas** o pipas. Al mismo tiempo, la vibración del material elástico tenso **produce sonido** y el aire lo propaga hasta el oído.

65 UNA MINIGUITARRA

Materiales

- una caja de cerillas vacía
- un trocito de cartón duro
- cuatro gomas elásticas
- un cúter

❶ Con ayuda de un adulto, corta con el cúter un trocito de cartón rectangular que tenga los lados largos de igual medida que el ancho de la caja de cerillas.

❷ Coloca el cartoncito sobre la caja, de modo que coincida su largo con el ancho de esta.

❸ Rodea con las gomas la caja de cerillas por su parte más larga, dejando la misma distancia entre ellas. Abre un poco la caja empujándola con el dedo y mantenlo de modo que las gomas queden tensas.

❹ Ahora pon de pie el cartoncito y empieza a tocar tu miniguitarra.

¿Qué sucede?

El sonido de las gomas al tocarlas con los dedos **es similar al de la guitarra**.

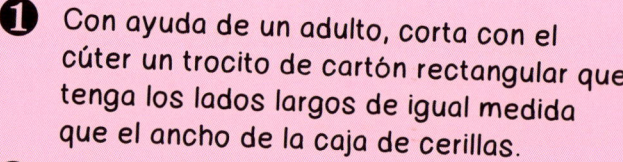

¿Por qué?

Porque estás utilizando los elementos fundamentales de este instrumento musical: **unas gomas bien tensas** en sustitución de las cuerdas de la guitarra, **un cartón a modo de puente** que las levanta y **una caja de resonancia**. La vibración de las gomas se transmite por el aire y se amplifica por la caja.

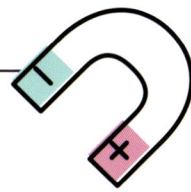

Materiales

- botellas de cristal vacías
- agua
- una cuchara de madera

❶ Pon las botellas en fila sobre una mesa.

❷ Echa un poco de agua en la primera botella, algo más en la segunda y así sucesivamente hasta llenar del todo la última.

❸ Golpea con cuidado las botellas con el canto de la cuchara, una detrás de otra empezando por la más llena. Hazlo después comenzando por la más vacía. ¿Cómo las oyes?

❹ Ahora golpea las botellas en cualquier orden y con ritmo. ¿Logras crear una melodía?

¿Qué sucede?

Al golpearlas por orden de mayor a menor cantidad de agua, **suena una escala musical ascendente** de sonido grave a agudo. Y descendente al revés.

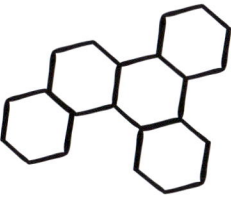

¿Por qué?

Porque **cuanta más agua** tiene la botella, mayor cantidad de masa **vibra y más grave es el sonido**. Al ser menor el agua en cada botella, el sonido se va haciendo más agudo. Con todas esas notas **puedes crear cualquier melodía**.

67 CAMPANADAS CON UNA CUCHARA

Materiales

- una cuchara
- 1 m de cordel
- una mesa

❶ Ata el cordel al mango de la cuchara de manera que el nudo quede en el centro del cordel.

❷ Acércate a una mesa y sostén los dos extremos del cordel procurando que la parte exterior de la cuchara toque el borde de la mesa y quede recta.

❸ Lleva los dos extremos a tus orejas y tápate con el dedo índice los oídos. ¡No metas el cordel en los oídos!

❹ Balancea suavemente la cuchara contra el borde de la mesa. ¿Qué oyes?

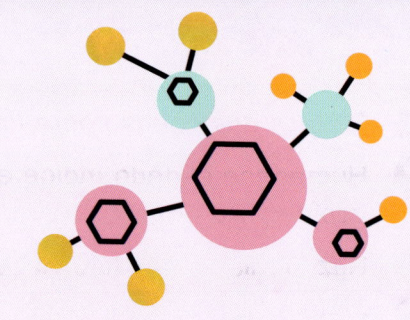

¿Qué sucede?

Oyes un sonido de **campana**.

¿Por qué?

El cordel **transmite la vibración** de la cuchara directamente a tus oídos y por eso el sonido tiene mayor reverberación y fuerza, semejante al de una campana. Si lo haces **sin pegar el cordel a los oídos**, notarás que te suena distinto porque el sonido te llega **a través del aire**, no del cordel.

Materiales
- dos copas
- agua
- tu dedo

❶ Pon las dos copas sobre la mesa y llena la mitad de una con agua.

❷ Humedece el dedo índice en el agua y pásalo por el borde de la copa vacía hasta que oigas un sonido.

❸ Haz lo mismo con la otra copa. ¿Notas diferencia de sonido?

❹ Llena la copa vacía con el doble de agua y ve alternando una y otra.

¿Qué sucede?

Al pasar el dedo humedecido, **la copa suena**. Cuanta más agua tenga, más grave será el tono.

¿Por qué?

El roce del dedo al frotar la copa **hace vibrar el cristal.** Ese sonido aumenta al rebotar contra las paredes abombadas de la copa, que **hacen de caja de resonancia y lo amplifican** (como con la caja de un tambor o una guitarra). A **mayor cantidad de agua**, más lenta es la vibración y **más grave el sonido.**

MELODÍAS CON UN TENEDOR

69

Materiales

- un plato hondo
- un tenedor
- un cordel de 50 cm
- un lápiz con goma

❶ Ata un extremo del cordel al mango del tenedor.

❷ Pon el plato en una mesa y levanta el cordel para que las púas del tenedor toquen el borde del plato. Si puedes hacer el experimento en la cocina, es mejor que ates el otro extremo del cordel al pomo o tirador de un armario que haya sobre la mesa o encimera, para que tu pulso no afecte al tenedor.

❸ Golpea el borde opuesto del plato con la goma del lápiz. Observa bien.

¡Fantástico!

¿Qué sucede?

El tenedor se mueve y **suena**.

¿Por qué?

Al vibrar el plato con los golpes, **traspasa las vibraciones al tenedor** y este se mueve y hace vibrar el aire de alrededor, con lo cual **llega el sonido a tu oído**.

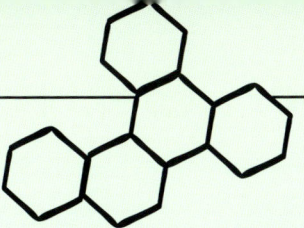

1 Pon el tarro vacío sobre una mesa y coloca el cuenco boca abajo sobre él, guardando el equilibrio.

2 Pide a un ayudante que dé golpecitos en el borde del cuenco con la goma del lápiz mientras tú acercas la oreja al otro lado del cuenco. ¿Qué notas?

3 Repetidlo, pero ahora tu ayudante pondrá un dedo en el lado del cuenco donde está tu oído mientras da golpecitos por el otro borde. ¿Hay diferencia?

Materiales

- un tarro alto vacío
- un cuenco
- un lápiz con goma

¡Increíble!

¿Qué sucede?

Cuando se golpea, percibes un **sonido de campana** que dura unos segundos. Cuando se golpea y se pone el dedo, el **sonido es seco y no dura**.

¿Por qué?

El sonido que oyes es **la vibración del aire** que se mueve cuando el cuenco vibra al ser golpeado; sin embargo, cuando tu ayudante pone el dedo en **el cuenco, frena la vibración** de este y, al mover menos el aire, el sonido es muy **breve y seco**.

71 ESCUCHA A TRAVÉS DE UN SÓLIDO

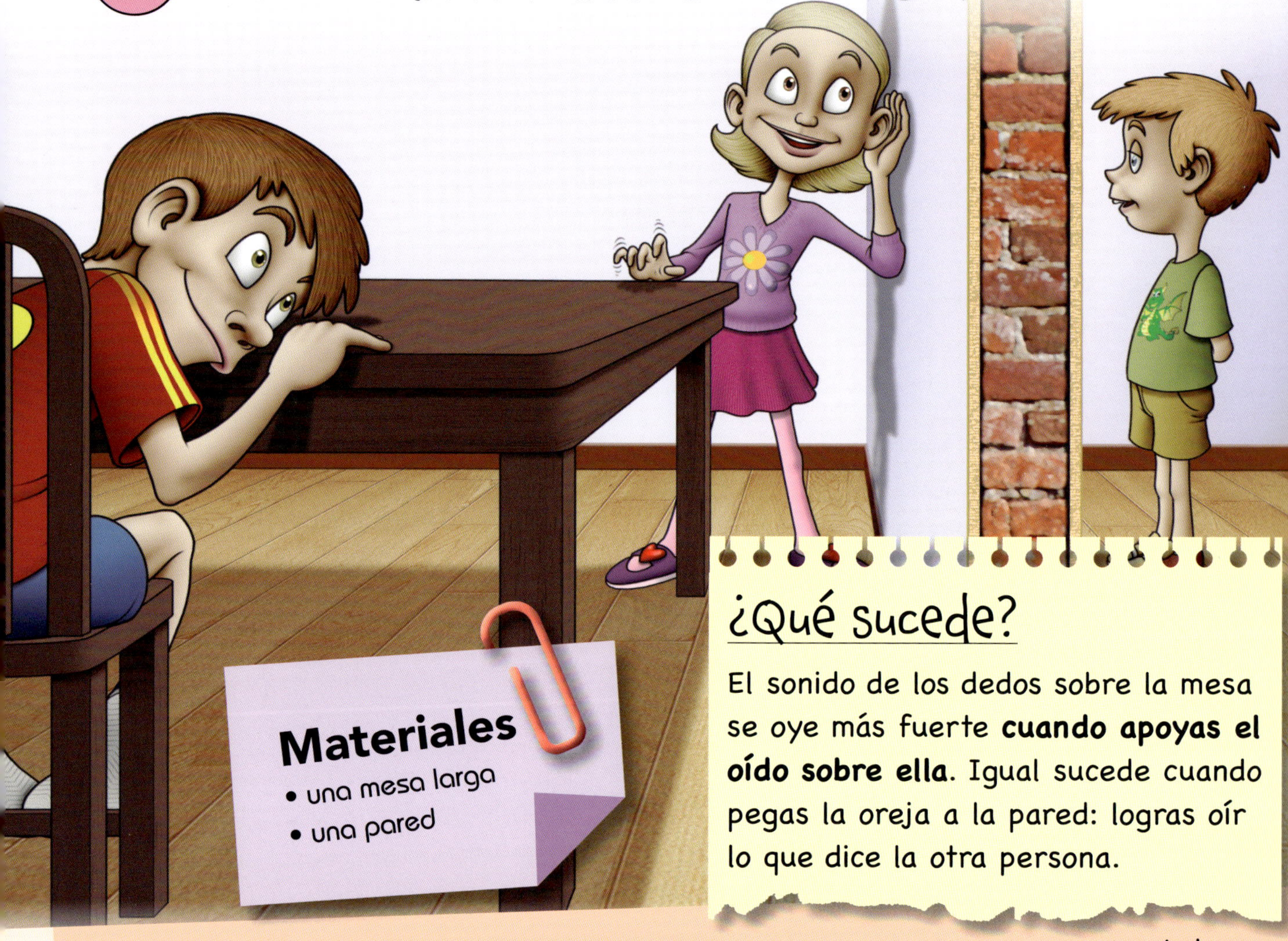

Materiales

- una mesa larga
- una pared

¿Qué sucede?

El sonido de los dedos sobre la mesa se oye más fuerte **cuando apoyas el oído sobre ella**. Igual sucede cuando pegas la oreja a la pared: logras oír lo que dice la otra persona.

❶ Siéntate junto al extremo de la mesa y pide a un ayudante que repiquetee con los dedos sobre el otro extremo de la mesa.

❷ Ahora pega el oído a la mesa y haz que tu ayudante repita el repiqueteo. ¿Notas diferencia?

❸ Prueba después con la pared. Pide a tu ayudante que se vaya a la habitación de al lado, cierre la puerta y se ponga a hablar hacia tu pared. ¿Lo oyes?

❹ Ahora levántate y pega la oreja a la pared que separa tu habitación de la suya. ¿Oyes lo que dice?

¿Por qué?

Las vibraciones del sonido no solo se transmiten a través del aire; también lo hacen por contacto con **cuerpos sólidos**, como la mesa o la pared, y a través de este medio llega más claro el sonido, debido a que las partículas de los cuerpos sólidos **están más juntas** que las del aire.

Materiales

- un tubo de goma de 1 m
- tijeras o cúter
- cinta adhesiva
- plastilina

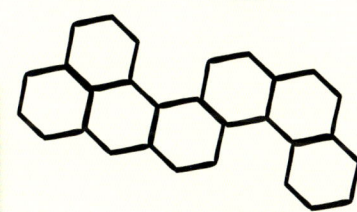

❶ Con ayuda de un adulto, corta el tubo en ocho trozos que tengan las medidas indicadas en la hoja de notas.

❷ Coloca los tubos uno junto a otro por orden de mayor a menor longitud y alinéalos por un extremo. Átalos con cinta adhesiva, dándole varias vueltas.

❸ Haz bolitas de plastilina y tapa con ellas el agujero de los tubos por el extremo donde no están alineados.

❹ Toca la flauta apoyándola en el labio inferior y soplando hacia abajo para dejar pasar el aire por una pequeña abertura. ¿Cómo suena?

NOTAS MUSICALES

DO = 17,5 cm
RE = 15,5 cm
MI = 13,5 cm
FA = 12,5 cm
SOL = 11 cm
LA = 10 cm
SI = 9 cm
DO = 8,5 cm

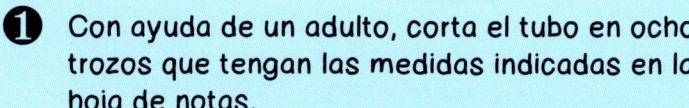

¿Qué sucede?

Cuanto **más corto** es el tubo por el que soplas, **más agudo** suena.

¿Por qué?

Las diferentes notas musicales se producen **por el aire que vibra en el interior** de cada tubo al soplar. Los tubos hacen de cajas de resonancia y **su longitud determina el tono**: más alto o agudo en los tubos cortos, más bajo o grave en los largos. Esto es así porque en un tubo corto **las ondas vibratorias se suceden más rápidamente**.

73 — UN TUBO DE TRUENOS

Materiales

- un tubo de cartón de 10 cm
- un muelle fino de unos 30 cm de largo
- una lámina de acetato
- cúter y tijeras
- cinta adhesiva

❶ Con ayuda de un adulto y el cúter, corta el tubo de cartón para que tenga 10 cm de largo.

❷ Corta un trozo de acetato de 15 x 15 cm y tapa con él una de las aberturas del tubo. Sujétalo al cartón con cinta adhesiva, tensa y ponle al final una tira de cinta adhesiva todo alrededor.

❸ Abre el anillo final del muelle, pínchalo en el centro del acetato, enrosca el siguiente anillo y pégalo con cinta por dentro y por fuera.

❹ Sujeta el tubo con una mano, dejando colgar el muelle hacia abajo, y agita el tubo. Prueba también a tocar el muelle con la otra mano o a colgarle un bolígrafo, para que produzca sonidos. ¿A qué te recuerda?

❺ Si lo combinas con el palo de lluvia, ¿a qué suena?

¿Qué sucede?

Al agitar el tubo **suena como si hubiera truenos**. Combinado con el palo de lluvia, parece una tormenta.

¿Por qué?

Cuando agitas el tubo o golpeas el muelle, este **se mueve y vibra**. Sus vibraciones se transmiten al acetato, y **el sonido** que produce **se amplifica en el tubo**, que hace de caja de resonancia.

EL SILBIDO DEL CORDEL  74

Materiales
- un cordel de 60 cm
- un botón con dos agujeros

❶ Introduce el cordel por los dos agujeros del botón y ata los extremos con un nudo.

❷ Mete el dedo índice de cada mano por el cordel doble y coloca el botón en el centro.

❸ Sujeta los extremos del cordel con los dedos índice metidos y dale vueltas al cordel rápidamente con una de las manos mientras la otra lo sostiene firme.

❹ Cuando el cordel esté enrollado, separa las manos y estíralo de golpe. Observa bien.

¿Qué sucede?

El botón y el cordel **giran rápidamente** en sentido contrario hasta desenrollarse y **producen un sonido.**

¿Por qué?

Por inercia, cualquier cosa en movimiento tiende a seguir moviéndose aunque la pares, y **ese movimiento contrario** tan rápido hace que la gran vibración del cordel tensado y del botón **se propague por el aire y suene.**

75 UN TELÉFONO DE CUERDA

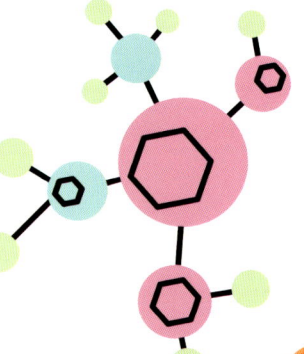

Materiales

- dos vasos de plástico
- cordel (10 m)
- una aguja de lana o un pincho

1 Agujerea la base de los dos vasos en el centro.

2 Pasa el cordel por los dos agujeros y después haz un nudo grande en cada extremo en el interior de los vasos.

3 Pide a alguien que pruebe el teléfono contigo. Para ello debéis alejaros uno del otro lo más posible, teniendo cuidado de que el cordel esté tenso y no toque ningún obstáculo.

4 Empieza a hablar a tu compañero en voz baja pegando el vaso a tu boca.

5 Cuando termines de hablar, ponte el vaso pegado al oído y espera a que hable tu compañero.

¿Qué sucede?

Consigues oír lo que dice tu compañero y **él te escucha** también a ti.

¿Por qué?

Al hablar, haces vibrar las cuerdas vocales y **estas vibraciones se propagan por el aire**. El vaso las concentra porque funciona como una caja de resonancia y el hilo conduce las vibraciones hasta el otro extremo, donde el segundo vaso las recoge y **las amplifica**, llegando así al oído de la otra persona.

Materiales

- dos embudos
- un tubo de goma (1 o 2 m)
- un reloj que haga tictac
- cinta adhesiva

❶ Mete un embudo en cada extremo del tubo de goma (puede ser una manguera o una goma de butano) y fíjalos con cinta adhesiva.

❷ Coloca un embudo sobre el reloj y fíjalo con cinta.

❸ Coge el otro embudo y aléjate del reloj todo lo que puedas.

❹ Ponte ese embudo en la oreja. ¿Qué oyes?

❺ Quita el embudo de la oreja y, sin moverte del sitio, pide a alguien que separe el otro embudo del reloj. ¿Oyes el reloj?

❻ Después, prueba a hacer lo mismo poniendo un embudo sobre tu corazón y otro en el oído. ¿Qué ocurre?

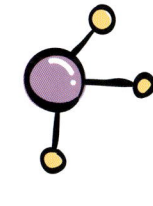

¿Qué sucede?

Con el **embudo en la oreja logras oír** perfectamente **el tictac del reloj,** pero sin él no. Si te pones el embudo en el pecho, oyes claramente tus latidos.

¿Por qué?

El embudo pegado al reloj **recoge el sonido** y lo conduce por el tubo hasta el otro embudo, el cual **lo amplifica** y por eso lo oímos. Funciona **como el estetoscopio** que utiliza el médico para escuchar los latidos del corazón.

77 LOCALIZA MEDIANTE SONIDOS

Materiales
• un tarro de cristal con tapa
• pipas de girasol o de calabaza

❶ Llena la mitad del tarro de cristal con las pipas y ponle la tapadera.

❷ Pide a alguien que agite el tarro alrededor de ti mientras tú mantienes los ojos cerrados.

❸ Se trata de que tu ayudante agite el tarro en diferentes sitios (a tu izquierda, a tu derecha, encima de tu cabeza, a la altura de tu tripa, por la espalda) y que tú adivines dónde tiene el tarro guiándote solo por el sonido.

❹ Invertid los papeles y repetidlo.

¿Qué sucede?

Si escuchas con atención **logras oír en qué lugar suena** el tarro de pipas.

¿Por qué?

El oído recoge a través del aire **las vibraciones de las pipas** al golpear contra el cristal del tarro y el cerebro interpreta el sonido y lo localiza en el espacio. De esta forma, **podemos percibir lo que nos rodea aunque no lo veamos**. Es muy útil, por tanto, desarrollar el sentido del oído.

Materiales

- un globo
- una goma elástica o un cordel

❶ Infla el globo y ata su extremo con la goma o el cordel.

❷ Sujeta el globo por el nudo y pide a un adulto que lo haga estallar entre sus manos, abriendo los brazos para dar una fuerte y rápida palmada. Observa bien.

¡Qué susto!

¿Qué sucede?

El **globo estalla** con un ruido estrepitoso.

¿Por qué?

Al aplastar el globo has hecho que el aire se mueva veloz y por ello **sus vibraciones suenan mucho**. Pasa igual con el trueno: cuando hay un rayo, su electricidad calienta de repente el aire a miles de grados, por lo que este **aumenta de volumen y se expande** a gran velocidad; sin embargo, el aire frío de alrededor lo enfría bruscamente y lo contrae, produciendo las **ondas de choque** que suenan tanto.

79 UN PALO DE LLUVIA

Materiales
- un tubo largo de cartón
- un trozo de cartón
- palillos de brocheta
- cortaúñas
- lentejas, arroz, semillas, pipas
- pincel y cola o pegamento
- cinta adhesiva
- cinta aislante de varios colores
- tijeras o cúter
- una aguja de lana

❶ Con ayuda de un adulto, clava la aguja en muchos sitios a lo largo del tubo.

❷ Mete un palillo en un agujero hasta que tropiece con la pared interior del tubo. Corta lo que sobra del palillo con el cortaúñas y sigue clavando el resto del palillo en otros agujeros.

❸ Atraviesa así el tubo por todas partes, de forma que los palillos queden entrecruzados por dentro del tubo.

❹ Pon pegamento o cola en los extremos de los palillos para que no se salgan.

❺ Recorta, con ayuda de un adulto, dos círculos de cartón del diámetro del tubo. Pon uno a modo de tapa en un extremo, pégalo y sujétalo con cinta adhesiva.

❻ Rellena el tubo con lentejas, arroz, pipas o semillas, o combínalas, y comprueba el sonido. Este varía según el relleno y la cantidad. Cierra el tubo con la otra tapa.

❼ Forra el tubo con la cinta aislante combinando los colores. Asegúrate de que los extremos de los palillos queden bien tapados para no arañarte.

❽ Sujeta el tubo con una mano e inclínalo despacio para que caiga el relleno hacia el otro extremo. Después inclínalo en sentido contrario. ¿A qué te recuerda el sonido?

¿Qué sucede?

El sonido que producen las semillas al volcar el tubo en un sentido y en otro **recuerda la lluvia**.

¿Por qué?

Cuando el tubo se inclina suavemente, **las semillas caen** y, al tropezar con los palillos, producen un sonido que se asemeja al de la lluvia gracias a que el tubo hace de caja de resonancia.

80 UN SOPLIDO SONORO

❶ Corta un trozo de celo de 5 cm.

❷ Sujétalo con los dedos pulgar e índice de ambas manos y estíralo bien para que esté muy tenso.

❸ Acerca el celo a tus labios y sopla fuerte en el borde. Hazlo con los labios muy juntos para dirigir bien el soplido al borde del celo. ¿Logras algún sonido?

Materiales
- papel celo

¿Qué sucede?

El aire de tu soplido en el celo produce un **sonido fuerte y muy agudo**.

¿Por qué?

El celo **vibra muy rápido** porque es un material muy fino y el aire sale a toda velocidad de tus labios. Al vibrar el celo, **mueve a gran velocidad el aire** de alrededor y suena mucho. Cuanta más velocidad, **mayor número de vibraciones hay por segundo** y más agudo es el sonido.

¿CÓMO SE PROPAGAN LAS ONDAS?

Materiales

- tres vasos iguales de cristal
- un cuchillo (u otro cubierto)
- cubitos de hielo
- agua

❶ Coloca los tres vasos en fila y separados.

❷ Rellena el segundo con agua y el tercero con hielo.

❸ Poniendo atención en el sonido, da un golpecito con el cuchillo en el vaso vacío, luego en el lleno de agua y después en el de hielo. ¿Notas diferencia de sonido?

❹ Repite dando varios golpecitos en cada uno, con la misma intensidad para apreciarlo mejor. ¿Qué oyes?

❺ Ahora haz lo mismo pero tocando cada vaso con la otra mano mientras le das los golpecitos. ¿Notas las vibraciones?

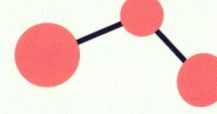

¿Qué sucede?

El sonido varía de un vaso a otro: más agudo en el vacío, más grave en el agua, y grave y seco en el hielo. **La mano** también **nota diferente intensidad de vibración** en cada vaso.

¿Por qué?

Las vibraciones del vaso al golpearlo con el cuchillo **se propagan en ondas longitudinales** con un sonido y una velocidad distintos según el medio de transmisión: un gas (aire del vaso vacío), líquido (agua) y sólido (hielo).

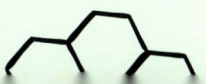

82 EL SONIDO DEL PAPEL

Materiales
• dos folios

① Sujeta los dos folios con las manos, ténsalos y acércatelos a la boca.

② Sopla fuerte en la parte central del borde de los folios de forma que pase el aire entre las dos hojas y se muevan rápidamente. ¿Consigues que suenen?

No soples muy seguido para no marearte. Descansa entre un soplido y otro.

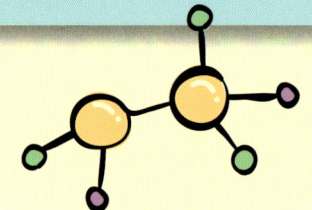

¿Qué sucede?

Con el soplido **vibran las hojas de papel** muy rápido y suenan en un tono agudo y fuerte.

¿Por qué?

Al vibrar tan rápido el papel, **el número de ondas vibratorias** que a su vez produce en el aire de alrededor **es muy elevado** y por eso el sonido que se genera es muy agudo. **El tono agudo o grave depende de la frecuencia**, es decir, del número de vibraciones por segundo: a mayor número, más alto y agudo es el sonido.

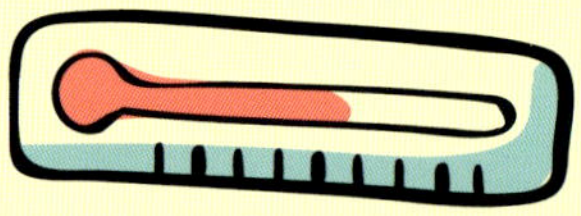

¿HAY SONIDO EN EL VACÍO? 83

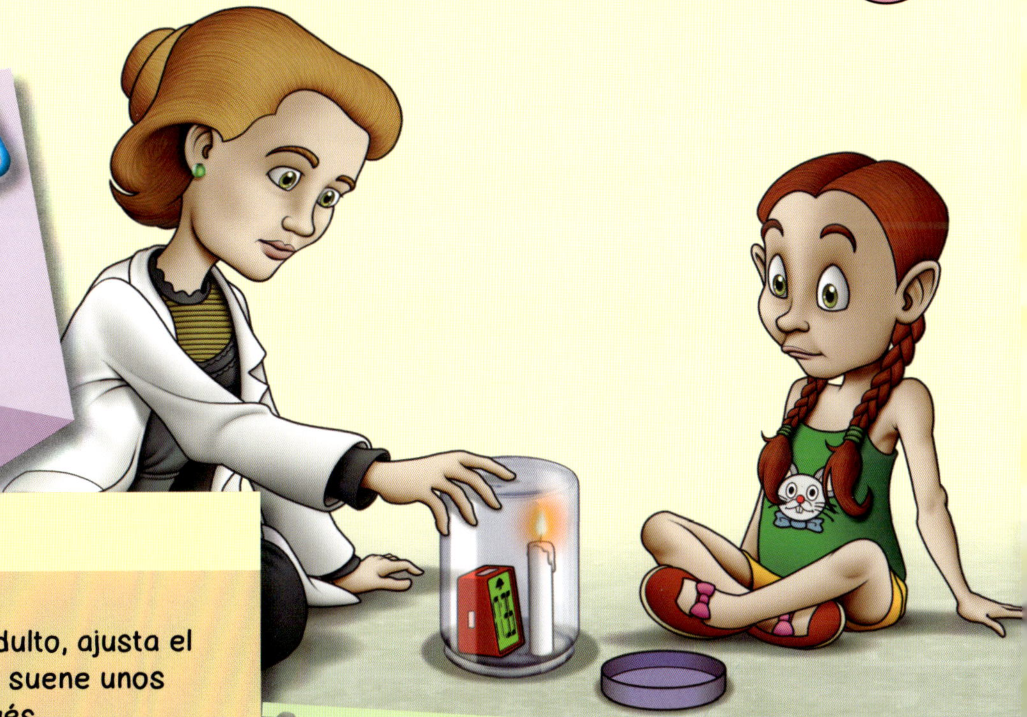

Materiales

- un despertador o un móvil
- un frasco o tarro grande de cristal
- una lamparilla o vela pequeña
- cerillas

1. Con la ayuda de un adulto, ajusta el despertador para que suene unos quince minutos después.
2. Coloca el despertador, o un móvil con la vibración desactivada, en el suelo o en una mesa.
3. Con la ayuda de un adulto, enciende la vela y ponla junto al despertador o móvil. Cubre ambas cosas con el recipiente de cristal.
4. Espera a que se apague la llama de la vela. Si has usado un despertador, estate pendiente de la hora a la que debe sonar. ¿Lo oyes?
5. Si has usado un móvil, hazle una llamada desde otro teléfono una vez apagada la llama. ¿Suena?

¿Qué sucede?

No suenan ni el despertador ni el móvil.

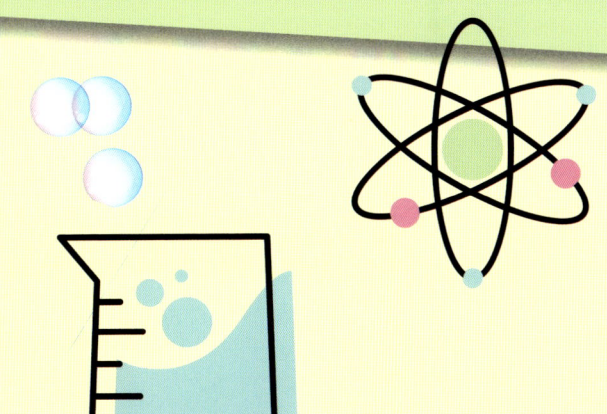

¿Por qué?

La llama ha consumido el aire que había en el recipiente de cristal y **se ha hecho el vacío dentro**. Aunque el despertador o el móvil hayan vibrado, no se han propagado sus vibraciones por no haber aire. **En el vacío**, sin una materia de propagación, **no hay sonido**.

84 ¿CÓMO VER EL SONIDO?

Materiales
- una lata de bebida
- un abrelatas
- un globo
- una goma elástica
- tijeras
- un espejo pequeño
- un periódico
- un martillo
- pegamento o cola
- luz del sol
- ventana

❶ Con ayuda de un adulto y el abrelatas, quita los dos extremos de la lata de bebida vacía y enjuágala.

❷ Infla el globo para darle elasticidad y luego desínflalo y córtale la boquilla con las tijeras.

❸ Coloca el trozo más estirado del globo sobre uno de los extremos de la lata, a modo de tapa, y sujétalo bien con la goma dándole varias vueltas.

❹ Siempre con ayuda de un adulto, envuelve el espejo en bastante papel de periódico y rómpelo con el martillo. Coge con mucho cuidado un trocito de unos 15 mm y tira el resto (recuerda echarlo a un contenedor de vidrio).

❺ Pon una gota de pegamento en el centro de la tapa de globo y pide al adulto que pegue ahí el trozo de espejo.

❻ En un día bien soleado, sitúate junto a la ventana de forma que la luz del sol que entra rebote en el espejo y se refleje en la pared.

❼ Pega la boca al extremo abierto de la lata y habla. ¿Qué ves en la pared?

❽ Grita y emite otros sonidos mientras observas el reflejo en la pared.

¿Qué sucede?

Los sonidos que emites producen **pequeños movimientos** en el reflejo.

¿Por qué?

El material elástico del globo **capta las vibraciones** de las ondas sonoras de tu voz y, al vibrar él también, **mueve el trozo de espejo** y sus vibraciones se ven en el **reflejo de la luz** en la pared.

85 UN APAGÓN SONORO

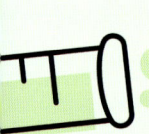

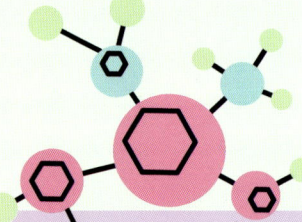

Materiales
- un tubo de cartón
- plástico de cocina
- cinta adhesiva
- tijeras
- una vela
- cerilla o mechero

❶ Corta dos trozos de plástico, tapa con ellos los extremos del tubo y fíjalos con cinta adhesiva.

❷ Agujerea un extremo del tubo con las tijeras.

❸ Pide a un adulto que encienda la vela con una cerilla o el mechero y que la sujete en la mano.

❹ Acerca el extremo agujereado del tubo a la llama, a unos 2 cm de distancia.

❺ Golpea con la mano el extremo opuesto del tubo. Observa bien.

¡Qué sonido!

¿Qué sucede?
Se apaga la llama de la vela.

¿Por qué?
El golpe de la mano sobre el plástico lo hace vibrar, de modo que **mueve el aire** que hay dentro del tubo y produce **sonido**. Ese mismo movimiento hace salir aire por el agujero del otro extremo, que a su vez **mueve el aire que rodea la vela** y esta se apaga.

Manos a la obra

Paso 1

Atamos una tuerca a cada extremo del cordón.

Paso 2

Después mezclamos la mitad de la sal en un vaso con agua y la otra mitad en el otro vaso con agua. Hay que disolver la sal por completo. Obtendremos agua sobresaturada de sal.

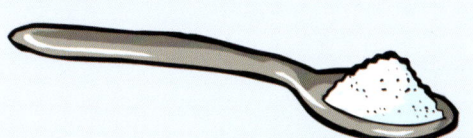

Paso 3

Introducimos en cada vaso una de las tuercas, sumergiendo el cordón en el agua. Entre los dos vasos ponemos el plato, de manera que el cordón sobrante, el que va de vaso a vaso, quede sobre él.

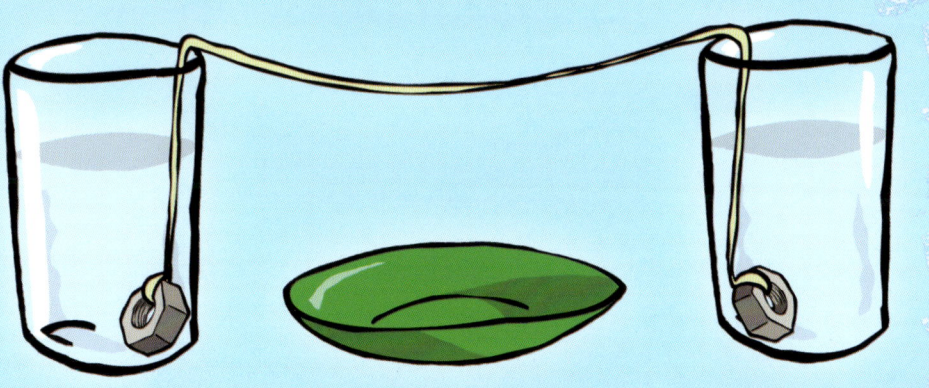

Paso 4

Y ahora toca esperar. Poco a poco el agua sobresaturada en sal irá subiendo por nuestro cordón. La sal irá cristalizando y formará, en unos siete días, UNA AUTÉNTICA ESTALACTITA DE SAL.

¿VES? ¡PARECE MAGIA!

¡ALUCINANTE!

¿POR QUÉ SUCEDE ESTO?

Por el efecto de capilaridad: como el algodón es absorbente, el agua muy salada va empapando el cordón. Sube por él y, al salir al exterior, se evapora, lo que hace que la sal vuelva a su estado sólido, cristalizándose.

De esta manera los pequeños cristales de sal van formando una estalactita, del mismo modo que sucede en las cuevas.

CURIOSIDAD CIENTÍFICA

Las estalactitas más grandes del mundo se encuentran en Hungría, con 25 metros, y en Cuba, ¡con 67 metros! Casi lo que mide una pista de atletismo.

Tu propia pintura

SORPRÉNDETE...

Antes hemos visto el experimento ¿Sólido o líquido? fíjate ahora lo que puedes hacer también con harina de maíz: ¡tu propia pintura de dedos!

NECESITAS...

- 200 ml de harina de maíz (1 vaso).
- Colorante alimentario (de los colores que más te gusten).
- Un cazo para calentar el agua.
- Un recipiente para mezclar.

¡OJO! Hay que calentar agua. Pídele a UN ADULTO que lo haga por ti y que manipule él el recipiente... ¡no te vayas a quemar!

Manos a la obra

Paso 1

Primero tenemos que separar un vasito de agua (unos 150 ml) para diluir la harina de maíz. Mezclamos el vasito de agua con la harina de maíz en un recipiente. Removemos muy bien para que no queden grumos. Reservamos la mezcla.

Paso 2

Luego tenemos que calentar el resto del agua (2 vasos).

Paso 3

Cuando esté bien caliente, lo añadimos a la mezcla que tenemos reservada.

Paso 4

Removemos muy bien hasta que tenga la textura de la pintura de dedos.

Experimentos de QUÍMICA

Paso 5

Por último, solo tenemos que añadir colorante a nuestro gusto, volviendo a remover muy bien, hasta que toda la pasta tenga el color elegido. (*)

(*) Puedes separar partes de la mezcla en recipientes más pequeños para tener varios colores. O, si vas a pintar un mural muy grande, puedes hacer solo un color.

Paso 6

Dejamos enfriar y, una vez frío, ¡YA TENEMOS NUESTRA PINTURA!

¿POR QUÉ SUCEDE ESTO?

Hay moléculas que se «quieren» y, por lo tanto, se juntan, y otras que no se quieren nada y no pueden estar unidas (por ejemplo, las de aceite y agua).

En el caso de nuestra pintura de dedos, se llevan bien. La harina de maíz se mezcla con el agua y el colorante hasta cambiar su consistencia. Al unir los tres ingredientes, se convierten en PINTURA DE DEDOS.

¿SABÍAS QUE...?

Hace relativamente poco que los investigadores han descubierto las fórmulas para hacer pinturas sintéticas, tanto para pintar superficies como para uso artístico.

CURIOSIDAD CIENTÍFICA

A lo largo de la historia se han utilizado muchísimos materiales para crear pintura: carbón, sangre, yema de huevo, aceite... mezclados con pigmentos minerales o animales. Algunas han durado miles de años, como las pinturas rupestres. ¿Perdurará tanto nuestra pintura de dedos?

ÍNDICE DE EXPERIMENTOS

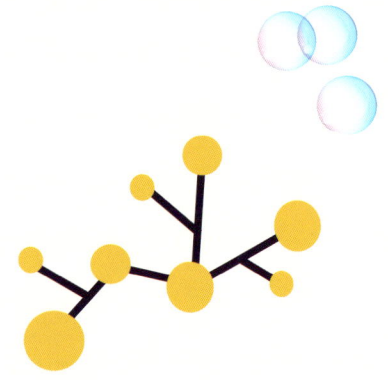

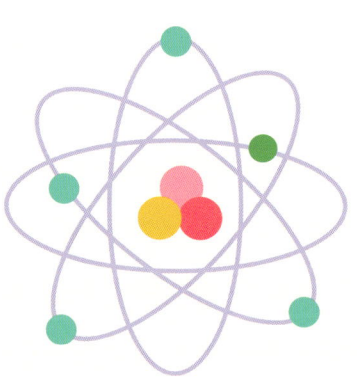

Índice

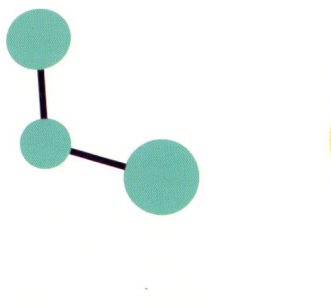

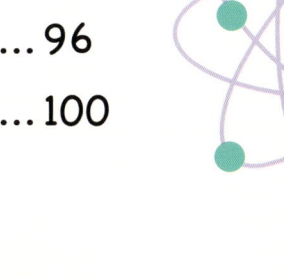